新一轮集体林产权制度改革相关问题研究

朱文清　刘　浩　陈　珂　张永亮　李昊民　著

中国财经出版传媒集团
中国财政经济出版社

图书在版编目（CIP）数据

新一轮集体林产权制度改革相关问题研究 / 朱文清等著. —北京：中国财政经济出版社，2019. 5

ISBN 978 -7 -5095 -8986 -1

Ⅰ. ①新…　Ⅱ. ①朱…　Ⅲ. ①集体林 - 产权制度改革 - 研究 - 中国　Ⅳ. ①F326. 22

中国版本图书馆 CIP 数据核字（2019）第 083590 号

责任编辑：张怡然　刘孺泾　　　责任印制：张　健
责任校对：张　凡　　　　　　　封面设计：秦聪聪

中国财政经济出版社 出版

URL：http：//www. cfeph. cn

E - mail：cfeph@ cfeph. cn

社址：北京市海淀区阜成路甲 28 号　邮政编码：100142

营销中心电话：010 - 88191537

天猫网店：中国财政经济出版社旗舰店

网址：https：//zgczjjcbs. tmall. com

北京财经印刷厂印刷　各地新华书店经销

787 × 1092 毫米　16 开　15. 25 印张　166 000 字

2019 年 5 月第 1 版　2019 年 5 月北京第 1 次印刷

定价：68. 00 元

ISBN 978 -7 -5095 -8986 -1

（图书出现印装问题，本社负责调换）

本社质量投诉电话：010 - 88190744

打击盗版举报热线：010 - 88191661　QQ：2242791300

本书为国家自然科学基金“改革开放以来我国集体林产权制度演化及绩效研究，基于大样本农户要素投入、效率、收入与森林资源动态变化”（项目编号：71473053）和“1978 年以来集体林产权制度及相关林业政策对森林资源与木材供给的影响研究——基于长期大样本动态效率视角”（项目编号：71673066）成果的一部分。

目　录

第 1 章

新一轮集体林产权制度改革新动态及其完善深化改革的政策建议

2018 年 5 月 27 ~ 28 日，国家林业和草原局经济发展研究中心在江苏省南京市召开了由具有广泛代表性，涵盖我国东北、西南两大天然林区的辽宁、四川，北方平原林区的山东、河南和横跨华中、华东、华南三大地区南方集体林区的江西、福建、广西、浙江、湖南 9 个省（自治区）及其所属的 18 个县（市、区）林业和财政部门负责同志参加的“2018 年度集体林权制度改革课题调研经验与成果交流座谈会”，座谈会上交流了各地开展集体林产权制度改革的最新动态。本书拟就会议交流的情况，对当前集体林产权制度主体改革和配套改革的发展现状、成果经验和出现的新的矛盾和问题，进行梳理分析并提出全面推进改革向纵深发展的政策建议。

1.1　集体林产权制度改革及其配套改革动态及经验总结

2003 年中央颁布《关于加快林业发展的决定》，确定了林业改革与发展的大政方针，福建、浙江、江西和辽宁等率先进行了以“明晰所有权，放活经营权，落实处置权，确保收益权”为主要内容的集体林产权制度改革的大胆探索；2008 年，《中共中央　国务院关于全面推进集体林权制度改革的意见》发布，新一轮集体林产权制度改革在全国全面推开；2009 年，开始实施集体林产权制度改革的各项配套改革；2016 年提出全面深化集体林产权制度改革及配套改革、培育林业新型经营主体以及所有权、承包权和经营权的“三权分置”，并与全国农村产权制度改革协同推进，逐步融为一体。经过连续 15 年的持续推进，取得了主体改革基本完成，配套改革不断完善的重要成果。目前已进入全面推进所有权、承包权、经营权的“三权”分置，培育新型林业经营主体，促进产业转型，强化生态文明建设，进一步提高农民收入和增加森林资源并提升森林资源质量，充分发挥市场在资源配置中决定性作用，强化产权保护，让广大林农及所有参与林业生态建设者尽享改革红利的攻坚阶段。各案例省和县在推进集体林产权制度改革及其配套改革的实践中，积累了大量经验与思路，非常值得进行总结。

1.1.1　高度重视以“明晰产权、确权到户”为核心的主体改革的不断完善，“改革回头看”取得明显成效

2016 年，国务院办公厅印发《关于完善集体林权制度改革的意见》以来，尤其是习近平总书记对福建省集体林产权制度改革做出重要批示以后，各级政府根据各地的实际情况积极采取各种政策措施，全面开展了自上而下的改革“回头看”活动。

四川省人民政府为确保“回头看”的实际成效，在制定提出落实国务院意见的基础上，还专门出台了《四川省集体林权制度改革“回头看”操作细则》，从林权登记发证、林权流转、纠纷调处、林改档案管理等 4 个方面列举了 38 个问题，提出了具体的整改措施和实施办法。全省核查纠错林权证 13.7 万本、林地 15.6 万宗，调处纠纷 2.3 万多起，保证了改革的顺利进行，得到广大林农和社会各方面的一致肯定。

针对主体改革林地确权滞后，林权证发放存在错证、漏证，四至不清、证地不符等问题，广西壮族自治区人民政府下发了《关于开展集体林地林权证发放查缺补漏纠错工作的通知》，明确要求各级政府将查缺补漏纠错工作列入重要议事日程，成立专门工作机构，农业、国土、财政等部门协调配合，本着“缺什么补什么，漏什么填什么，错什么纠什么”的原则，在规定的时间内，全面完成主体改革的完善纠错任务。目前，查漏补缺的各项工作已在全区全面铺开。

1.1.2　集体林地“三权分置”有序展开，与之相关的各项配套改革全面跟进

截至 2017 年年底，集体林地“三权分置”已在所有样本省（区）全面推开。其中，8 个省（区）的 10 个县（市、区），作为原国家林业局确定的全国首批集体林业综合改革试验示范区，在全国率先开展了以发挥“三权”功能整体效用、放活经营权为核心要义的综合配套改革，进一步落实了集体林地的集体所有权，稳定了农户的承包权，从制度层面放活保

障了林地经营者的经营权。

1.1.3 林权流转制度创新取得重要进展

为从根本上兼顾林地所有者、承包者和经营者的法律权益，2013 年，浙江省龙泉市就开始了集体林地“三权分置”为林地经营者发放林地经营权流转证的尝试。为全面推广完善龙泉的改革经验，浙江省政府在全省选择 24 个县，开展“三权分置”的试点。在总结试点经验的基础上，2015 年出台了《浙江省林地经营权流转证发证管理办法》，用法规的形式明确了林地经营者的经营权权能，明确了经营权流转证按照流转合同约定实现林权抵押、评优示范、享受财政补助、林木采伐和其他行政审批等事项的权益证明功能，并将试点经验推广到全省。据不完全统计，目前全省发放林地经营权流转证 1000 余本，证本面积 30 余万亩。

从会议交流的情况看，截至 2018 年 5 月底，在样本省中，林地经营权流转证制度已在除广西以外的 8 个省的绝大部分县（市、区）得到推行。为将林地经营权流转证使用纳入法制化、规范化的轨道，江西省把“推行林地经营权流转转证制度，积极稳妥推进林地流转”列为省委省政府出台的《加快林业改革发展推进我省生态文明先行示范区建设十条措施》的重要内容，在全省范围内适时统一了林地经营权流转证书、经营权流转证申请表、森林资源资产抵押登记证明等法律文书式样。指导 31 个林地经营权流转证制度试点县（市）出台了《林地流转管理办法》。遂川、武宁等县还举办了林地经营权流转证首发仪式。赣南定南县把经营权流转证发放分类细化到具体的林种，目前已为林地经营者颁发了第一批“油茶林经营权证”。为进一步保障经营权流转证的法律效能，在颁发经营权流转证的同时，还为流转双方提供了“经营权流转鉴证书”。在着力推广林地经营权流转证经验的同时，四川、福建、广西等省区全面强化了对原国家林业局和国家工商总局印发的《集体林地承包和集体林权流转合同示范文本》使用的管理监督，为兼顾实现林地承包者和经营者权益提供了坚实的制度和法律保障。

1.1.4　进一步加强流转管理服务

第一，流转管理进一步规范。

浙江省为加强林权流转管理，陆续出台了《浙江省林权流转和抵押管理办法》等 8 个配套改革文件。为建立实施不动产统一登记制度后集体林地流转管理的新机制，江西省林业厅主动协调省国土厅联合印发了《关于做好林权类不动产登记和林权管理服务工作的指导意见》，在此指导意见中，首先，明确了部门职责权限，规定林权类不动产登记由各地不动产登记机构统一办理，林业部门负责做好流转前审核、流转后合同鉴证、备案以及转包、出租、入股等不属于不动产登记的流转行为的确认证明工作；其次，建立部门间业务协调、信息互通的联接机制，共同防范一林多卖、林权抵押违规交易等行为的发生，确保流转安全有序；再次，确立了具有较强操作性的双方共同遵守的行为规范和便民利民制度措施。与此同时，为加强对林权流转的管理，江西省林业厅在出台《江西省集体林权流转管理办法》的基础上，制定了同时考虑不同权利主体、流转形式、交易主体、登记机构关系的林权流转服务流程图，将整个流程按照提出需求、收集审核、发布信息、指导交易、鉴证备案、登记发证、跟踪服务等7个步骤，以图文形式形象准确地表现出来，同时将原国家林业局要求实施的流入方的资格承诺式准入和建立流转经营主体信用档案纳入其中，推动了林权流转工作程序化、规范化和标准化的实现。

四川省把定期开展林权流转的专项督查之中，协调省人大和政府法制部门推动林权流转地方立法作为推动林权流转的重点工作来抓；与此同时，把集体林权档案管理作为产权保护的基础，严格按照《档案法》和《档案法实施办法》将集体林权的档案卷宗全部移交档案管理部门，林业主管部门和乡镇人民政府留底备查。

第二，林权流转管理服务体系日益健全。

目前所有样本省区实现了为林农和林地经营者提供林权登记管理、信息发布、森林资产评估、林权证抵押贷款、森林保险、林业法律咨询和林业科技服务为主要功能的林权流转、林业服务机构基本实现县（市、区）级的全覆盖。

江西省建立了从省、市、县一直到乡镇、行政村的五级林权流转管理服务体系。近两年来，先后出台了《江西省集体林权流转五级管理服务体系建设指南》《关于全面推进林权流转管理服务体系建设的通知》和《江西省集体林权流转五级管理服务体系服务操作细则》等多个政策性文件，规范了五级体系的建设标准、服务内容、服务流程和职责权限；在31个县试点先行的基础上，分别建立了省级南方林业产权交易所，市、县级林权管理服务中心，乡镇林地流转服务窗口，村级流转服务站，配备了村级林地流转信息员。截至 2017 年年底，在 31 个试点县的 488 个乡镇中，已有 393 个设立林权流转服务窗口，5132 个村有 4417 个配备了流转服务信息员，2800 多个乡镇和村实现了流转服务平台挂牌、人员上岗和制度上墙。

辽宁省在本溪市建立了“东北林业产权交易中心”，50 个重点县（市、区）分中心平台实现了互联互通。

第三，林权流转管理平台建设进一步加强、服务质量水平显著提高。

为推动集体林权公开、公平流转，引导林农进场交易，四川省林业厅联合成都市农村产权交易所，开通了西部林权交易网，搭建了省、市、县林权交易平台骨架。目前已建成交易网点 99 个。剑阁县、彭州市成功探索了林权、林地经营权网络竞价交易，既增加了林权流转的透明度，又提高了林地流转的收益水平。剑阁县公店乡的平乐村 1 宗山林实施网络竞价交易，起拍价为每亩 120 元，最终成交价为每亩 455 元，溢价率达到 279.17%，有效增加了林农收入。与此同时，积极推动林权价格评价机制化建设，在林权抵押融资中，会同金融监管部门，全面推行“量价分离”的评估机制。在林权流转中，四川省林业厅指导眉山市和巴中市分别探索实施了林地林木等级评分和林权流转基准指导价。林权流转逐步从熟人介绍、私下交易向公开市场、网上交易转变。据不完全统计，流转价格从改革前的亩均 327 元，提高到目前的 468 元，增长幅度达到 76.8%。

经湖南省委省政府批准设立的中部林业产权交易服务中心，以搭建高效、安全、功能完备的林权线上交易平台为目标，全力打造开发交易市场门户网站和林权交易竞价公共服务平台，积极推动林权交易服务体系整合，把全省120多个县市区林权交易服务机构以分中心的形式进行联网。吸纳114家县级林权交易服务机构成为分中心会员，搭建起一个全省上下联动，集林权管理、交易实施、中介服务、金融支持、综合监管为一体的省级公益性惠农服务平台。同时，产权中心招募各类企业会员130余家，行业覆盖林业、金融、电子商务、计算机、法律、技术咨询等，其中省、市（州）级林业产业龙头企业近50家，实现了林业信息与资源的流动共享，利用多行业、跨领域的会员群体，为客户提供全方位服务。产权中心除推动林权流转业务外，与银行、担保公司、森林保险等机构开展全方位合作，努力为分中心提供林权抵押贷款“一条龙”服务，成功获得中国农业银行3年20亿元人民币的合作授信；协同湖南省林业厅、中国农业银行、农业信贷担保公司共同设计出政银担系列的“油茶保贷通”产品，加大了对湖南油茶产业的金融支持力度；森林资源资产评估资质获得中国民生银行、交通银行、中信银行等多家金融机构的认可；与太平洋财产保险湖南分公司、中华联合保险湖南分公司合作开展了森林保险业务；获得湖南省林业厅和省财政厅授权的农信担保公司林业担保分公司的股份持有权，入围农信担保森林资源资产评估及贷后监管资质单位并开展合作，成为连接资本与林业资源的桥梁纽带，为广大林农和新型林业经营主体提供了优质快捷的金融扶持服务。

2015年，江西省在全国率先建立林权流转信息系统，已在试点县上线运行。整个系统共有3个方面的服务功能：一是林权流转信息管理平台。将林权流转的所有信息部署在林业专网上，完全满足了省、市、县三级林业管理部门对林权登记查询，林地经营权流转证、流转证抵押登记证明发放以及流转主体信用档案建设等林权流转业务需要，实现了对林权流转业务各种数据的统计和监控。二是林权流转信息化服务平台。其部署在互联网上，是一个面向各级林权流转服务单位和公众的全省信息共享、网络互通并且可以为市、县、乡、村提供统一林权流转模板的门户网站。三是惠林绿桥 APP。其部署在 Android 移动端上，是提供林权流转政策法规、新闻资讯、通知公告、项目信息，以及林权流转信息查询、价值估算等应用需要的便民服务平台。

福建省大力推行电子政务，省林业厅将改革后保留的 16 项行政许可除涉密、新增事项外，全部入驻省网办事大厅，实行网上办理。为全面拓展林产品销售渠道，促进林产品销售，专门出台了《林竹千亿元产业实施方案》，引导发展林产品电子商务，成功搭建了“闽山碧”和“林品汇”等林产品电商平台。截至 2017 年年底，省级林业电商平台“闽山碧”上线企业达 122 家，产品数量达 278 款。

浙江省遂昌县对全县 24 万块山场开展了资产评估，与农村信用体系建设有机结合，建立起以户为单位的森林资源资产信息卡 4.3 万张，并将所有信息录入电脑，实现了林权和资产信息的数字化和网络化管理。为金融部门提供了准确、可靠的林权抵押贷款发放依据，既大幅提高了抵押贷款的发放频率，又有效降低了金融部门的贷款风险。从 2014 年开始到 2017 年年底，短短 4 年，全县办理林权抵押贷款 1.4 万笔，贷款额达到 18.47 亿元。

河南省浉河区林权管理服务中心努力拓展服务空间，一是建立了各类市场主体诚信平台。将林业企业、林业合作组织、家庭林场等各类市场主体的守法经营、诚信守信和行为认可等情况纳入征信范围，通过林权信息交流网络建立信用档案，接受市场监督。二是建立了林权流转价格参考平台。基于林权流转案例并在规范调查研究，制定了不同区域、不同林种、不同权益期的森林资源资产参考价值和林权流转价格参考体系，以保证林权流转的公平公正。三是建立了林权流转合同备案制度。所有流转合同一律存档备查，为林权流转管理部门跟踪监督合同的执行情况和调解可能出现的林权纠分提供依据。

1.1.5 新型林业经营主体不断发展壮大，集体林业规模化、组织化、集约化经营效果初显

为有效解决新一轮集体林权制度改革以后出现的林地细碎化和分散化经营的问题以及小规模经营难以实现规模经济的效益、适应市场能力比较脆弱等方面的问题，各地积极开展林业经营体制的改革创新，采取政策措施鼓励引导社会资本参与集体林森林资源可持续经营管理，培育发展林业专业大户、家庭林场、农民林业专业合作社、林业龙头企业和专业化服务组织等新型林业经营主体，在一定程度上，改善了集体林业生产的规模经济效益、集约化和专业化。

浙江省把林业股份合作作为林业经营体制改革的主攻方向。在实践中，成功创造并在全省大力推广了三种模式：一是安吉县的毛竹股份合作社模式。将现有毛竹的数量和质量折算成股份，组建由村统一经营或承包给大户经营的股份合作社，经营利润按股分红。二是浦江县的林地股份合

作制模式。将林地面积折算成股份，通过公开招投标，与工商资本签订股份经营合作协议，合作社成员采用“保底 + 分红递增”的模式按股（实物）分红。三是龙泉市等地的家庭股份制林场模式，即几家农户的林地委托给一个家庭经营，内部协商确定收益分配方式。这些区域的实践证明：三种模式适应林情和社会经济发展水平，有效提高了林农和林业经营主体的收入水平，受到社会各方面的一致好评。

全国农民林业专业合作组织建设示范县的山东省蒙阴县扶持发展新型林业经营主体主要采取四种运作模式：一是能人牵头、典型带动。充分发挥农村能人和专业大户在组织能力、资金技术实力和销售渠道等方面的优势，领办农民林业专业合作社。二是部门引领、政策推动。发挥涉农部门和乡镇站所熟悉农村情况、掌握专业技术的优势，参与领办林业专业合作社。三是依托龙头、企业拉动。推动发展“龙头企业 + 合作社 + 农户”的模式，通过合作社，把农户与龙头企业联结，促进林业产业化经营。四是搞活流通、市场驱动。通过建立林产品产销合作社，向农户提供市场需求和价格信息，引导农户进行标准化生产，与市场建立相对稳定的产销关系。通过几年的发展，全县林业合作社达到 548 家，入社社员 20 万人，经营范围涉及林果、造林、林下种养等多个方面，服务范围覆盖林业产前、产中、产后各个环节，有力地推动了林业产业特别是林果业的快速发展。

2016 年，江西省在全国率先出台了扶持适度规模经营的奖补政策，对通过林权流转达到一定规模的林业专业合作社、家庭林场、林业大户等新型林业经营主体，按 50 元/亩的标准给予奖补；与此同时，江西省林业厅出台了《江西省新型林业经营主体可承担林业项目名录》，明确规定了新型林业经营主体可以承担的16个类型的林业生态和产业项目。该省的遂川县近年来连续出台了《加快培育新型林业经营主体促进林地适度规模经营实施办法》《农民林业专业合作社发展实施方案》和《扶持家庭林场发展实施办法》3个扶持发展新型林业经营主体的地方法规性文件。遂川县财政每年安排资金支持创建10个县级示范社；遂川县林业局每年为经营面积达到2000亩以上的合作社单列下达木材采伐计划；上级下达的造林、森林抚育、科技推广、高产油茶等林业重点项目优先安排给新型主体实施，2017年各类项目实施面积达到4.1万亩，争取奖补资金1800余万元；对品牌注册、质量认证分等级给予5000~10000元的资金奖励，先后成功注册了11个地方品牌，其中“华云仙”蜂蜜和“思林”茶油等通过产品质量QS认证，直接实现了林超对接。

2010年以来，福建省林业厅与省农业厅联合开展的优秀林业专业合作社评选活动，2016年和2017年先后投入500万元开展了林业专业合作社和家庭林场标准化建设，起到了良好的激励作用。截至2017年年底，全省累计组建林业专业合作社、家庭（股份）林场4900多家，累计经营面积1100万亩。在活化经营机制方面，沙县创立了两种发展模式，在实践中，收到了很好的效果：一是国有林业企业与村集体、乡镇林场实行股权共有、经营共管、资本共享、收益共盈“四共一体”的模式，合作双方按股份比例承担经营成本并分配经营收益，国有林业企业负责林地林木专业化经营管理。目前，沙县国有林场已与全县6个乡镇林场、5个村集体和1个专业大户开展了成功合作。二是股份林场、林业专业合作社等林权所有人将林权让渡给县森林资源收储管理有限公司，由收储公司统一抵押贷款，将信贷资金用于优质森林资源收储经营，收储公司和林权所有人按照约定比例共同享有经营效益。

1.1.6　林业产业、林下经济开发取得长足发展

近些年来，在新一轮集体林改主体改革基本完成之后，各样本省区抓住广大农民和各类社会主体空前高涨的经营发展林业积极性的历史机遇，采取各种有效措施，因地制宜发展经济林果、种苗花卉、森林旅游、绿色康养、精深加工等林业特色产业，着力开发林下经济，推动了“资源增长、农民增收、生态良好、林区和谐”改革目标的实现。

四川省大力扶持发展花椒、核桃、油橄榄等木本油料产业，推进木竹材深加工，开展大径级用材林和国家储备林建设，鼓励各类主体以生产绿色生态产品、提供优质健康服务为导向，大力发展新技术新材料、生态康养、生物制药等绿色新兴业态。各级林业部门层层制定林业产业和林下经济专项规划，积极推动林业产业联盟组建，全省成功建立了核桃联盟、花椒联盟、森林食品协会等民间组织。初步形成了成都平原的林板家具、川东北特色经济林、川南竹产业、川西生态旅游四大林业产业集群。2017年，林业产业总产值突破 3300 亿元，比 2013 年增长 1000 多亿元；农民人均林业收入达到 1200 元。

福建省大力发展林下种植养殖、采集加工和森林景观利用等林下经济，截至 2017 年年底，全省发展林下经济面积 2910 万亩，年产值达到 623 亿元。其具体做法：一是资金重点扶持。2013 年以来，省级财政投入

林下经济扶持资金达4亿元，林下经济省级投入资金量居全国第一。二是科学规划管理。合理确定林下经济发展目标、发展重点和发展模式。为从源头上规范林下经济项目资金管理，确保林下经济健康发展，福建省人民政府制定出台了《福建省省级财政林下经济专项资金管理办法》。三是强化科技支撑。走产学研结合的发展路子，与福建省林业、农业科研院所、高等院校结对开展林下经济新品种和林下产品加工技术研发，举办林下经济业务培训、编写印发相关技术普及手册，加强林下种养技术指导，增强林农发展林下经济的能力。四是坚持示范引领。确定邵武市等8个县（市、区）开展国家级林下经济示范，指导和扶持各地建设省级示范基地339个，有力地带动了林下经济的发展。

山东省蒙阴县以林改促进林果富民产业发展。一是加大政策扶持和扶贫开发力度，努力改善林农的林业生产条件，先后治理山区水土流失面积97万亩，发展有效灌溉面积34万亩，农村公路通车里程2000公里，为林果业发展创造了良好条件。二是大力引进林果新品种和管理新技术，引导推进果树精品示范区和优质果品生产基地建设，促进了全县林果业高质高效发展，全县以蜜桃、苹果、板栗为主的优质果园近百万亩，年产干鲜果品20多亿斤，年销售收入20多亿元，仅此一项增加农民人均纯收入超过5000元。全县果品专业村达到270个，90%以上农业收入来自林果产业。蒙阴由此成为全国果品综合强县、全国果品十强县、全国无公害果品生产示范基地县。蒙阴蜜桃成为中国地理标志产品和中国农产品百强品牌，被冠名“中华名果”，品牌价值达到32亿元。三是延伸林果业发展链条，鼓励支持农民发展森林旅游、农家乐旅游和林下种植、养殖，县里统一注册了“蒙山农家乐”品牌，统一制定了管理制度，统一评定星级示范户，并在乡镇和村级成立农家乐协会，全县培育发展出 270 多个果品专业村和生态文明村、56 个农家乐旅游示范村和一大批以农家乐旅游为主要经营项目的示范户，林果业优势产业链条的延伸，成为林农又一个重要的收入来源。

根据当地特有的自然地理条件，广西壮族自治区平果县重点发展了三大产业。一是油茶产业，除自治区油茶造林补贴每亩 500 元外，蒙阴县政府对连片 200 亩以上的示范点再给予每亩 1000 元的补助，两项相加亩补贴达到 1500 元，有效调动了林农和各类社会主体发展油茶的积极性，全县油茶造林示范点达到 13 个，完成油茶造林面积 1.6 万亩，为达到以短养长的目的，统筹使用各类支农资金扶持林农在油茶林下种植黄豆、金钱草等矮秆作物，较好地解决了油茶种植初期林农收益受损的问题。二是竹木产业。通过林地流转和林权抵押贷款发展速生丰产林近 30 万亩，全县年木材生产量从新一轮集体林产权制度改革以前的 8.38 万立方米提高到现在的 43.6 万立方米；年胶合板产量由林改前的 2.71 万立方米提高到现在的 24.4 万立方米，年木材和木材加工产值达到 7.66 亿元。三是林下养殖业。平果县财政设立了林下养殖专项资金，同时采取“公司 + 基地 + 农户”的经营模式，该县大力发展林下养鸡，2017 年，全县规模以上林下养鸡户达 1400 多户，年饲养肉鸡 3600 多万元，出栏 3500 万元，年产值 12.25 亿元，占全县林下经济产值的 84%，林下养鸡成为全县林下经济的支柱产业。

辽宁省清原县对发展林下产业的，按省森林经营规程规定的抚育标准下降 1 个径级，降低郁闭度，为林下种植中药材、山野菜创造条件。2007

年以来，全县累计种植以林下参为主的中药材 12 万亩，以红松为主的坚果经济林 33 万亩，以刺嫩芽、大叶芹为主的森林食品 4.5 万亩，实现了长期以来传统的单纯造林向森林复合经营模式的重大转变。

1.1.7 林业金融改革取得突破

近年来，在各级党委政府的高度重视，财政、金融等部门的通力合作下，全面推行林权抵押贷款，努力创新贷款模式，加快推进保障体系构建为主要内容的林业金融改革取得突破性进展，为林业的快速健康发展提供了有力支撑和保障。

浙江省建立了财政、金融、林业等部门间的协调工作机制，共同推进林权抵押贷款工作，贷款模式日趋多样化。在林农小额循环贷款、林权直接抵押贷款、森林资源收储中心担保贷款模式的基础上，探索出“林权 IC 卡”贷款、“林贷通”、公益林预期收益质押贷款等新型贷款模式；浙江省陆续成立了以丽水市由财政注资的林权收储中心、庆元县以林权抵押贷款担保为主要业务的担保公司，龙泉市村级惠农担保合作社为主要模式的林业贷款担保机构，既为林农提供了贷款担保，又化解了金融机构的贷款风险。

四川省林业厅先后与中国农业银行四川省分行、中国邮政储蓄银行四川省分行、四川省农村信用联社签订了战略合作框架协议，在沐川县等 10 个县（市、区）启动了金融支林试点，探索金融支林新模式；同国家开发银行、农业发展银行签订战略合作协议，运用金融资本推动林业生态建设和林业产业发展；分两批次，在崇州市和剑阁县的 46 个县开展了以“经济林木（果）权证”“林地经营权流转证”和“村级农民互助担保合作社”为主要内容的“两证一社”林权抵押贷款改革试点，逐步完善了发证、评估、贴息、资金监管和风险防控制度。通过地方政府财政贴息、申请中央财政政策贴息、金融机构让利、简化资产评估等措施，大幅提高了林权抵押贷款额度，同时降低了林业融资成本。46 个试点县抵押融资达到 14.74 亿元，抵押融资综合财务成本从新一轮集体林产权改革以前的 12% 降为到其改革后的 5% 。

江西省分别与农村信用社、中国邮政储蓄银行、建设银行等签订 236 亿元林权抵押贷款授信协议。截至 2017 年年底，累计开展林权抵押贷款服务 183 亿元，现有林权抵押贷款余额 61 亿元。依托南方产权交易所控股融资平台探索开展林权抵押贷款托底收储服务业务，托底贷款近 20 亿元。

福建省林业厅与金融部门通力合作，金融产品得到不断创新。三明市针对林业经营周期长、风险大等特点，推出了贷款期限为 15 ~ 30 年、综合融资成本控制在月息 6% 以下的林权按揭贷款，具有第三方支付功能的“林权支贷宝”和“福林贷”“惠林卡”等普惠制金融模式。林业主管部门主动介入，全力强化对各类新型林业经营主体和金融部门的信息提供、资产评估、沟通协调等多方面的贷前服务。金融机构努力简化贷款质押手续，为林农贷款融资提供便捷服务。顺昌县林业局与信用联社等金融机构联合成立了“林业金融服务中心”，实行了林权抵押贷款办理“一个窗口受理、一次性告知、一个标准执行、一站式审批、一条龙服务”的综合便民措施。

在防控金融风险方面，福建省率先成立了省级林权收储机构——福人林木收储有限公司，推动全省成立林权收储机构44家，为林权抵押贷款提供担保、收储服务；评选并公布了一批森林资源资产评估业务满意度高的评估机构；推动建立了评估、保险、监管、收储和处置“五位一体”的林业金融风险防控机制，基本实现了银行放贷放心、林农贷款省心的金融改革目标。截至2017年年底，全省林权抵押贷款余额达到60.08亿元。

辽宁省林业厅与中国人民银行沈阳分行、辽宁省银行业监督管理局联合出台的《辽宁省集体林权抵押贷款管理暂行办法》将二级、三级生态公益林纳入抵押范围，明确规定了各个龄级林木抵押率的比例限额，解决了长期以来生态公益林贷款难的问题。与此同时，各级林业管理部门对应林业项目贷款，积极向金融部门推荐林业融资需求项目，协调邮储银行将林木经营权和林下经济种养殖基地及其林木共同纳入抵押物范围并实施利率优惠。

1.1.8 森林保险全面推开

实施新一轮集体林产权制度主体改革的各项配套改革以来，各地财政对林木保险的支持力度不断加大，保险政策持续完善，服务体系日益健全，多部门合作的林业保险合作机制日趋成熟。截至2017年年底，9个样本省区生态公益林的保险实现应保尽保，商业林保险范围逐步扩大。

在探索实践“政策性保险+商业保险”模式的进程中，四川省建立和完善了森林保险费率调整、大灾风险防范、无赔款优待等政策机制，拓展涉林商业保险险种及范围。同时，通过降低费率、提高保额，保费不变、财政补贴和林农承担比例不变的“一降一提两不变”的综合措施，两次调整森林保险费率，提升保险保障能力。公益林和商品林保额分别从每亩400 元和 500 元提高到 550 元和 800 元；费率分别降低至 0.118% 和0.15%，保费保持不变，各级财政和林农承担保费比例不变。通过改革，2014 ~2016 年间简单赔付率超过 40%，提高 30 个百分点。为加强事前预防，承保公司累计投入资金 2539 万元，有效减少了各种灾害的发生。

广西壮族自治区林业厅协调保险公司制定了《森林保险病虫害灾害损失认定标准》和《广西森林保险专家管理办法》，积极发展地方特色保险；充分利用林业奖补政策，在现有各项自然灾害险种的基础上，2018 年以来，将林木种苗险纳入保险范围。全自治区政策性森林保险投保面积达到1.25 亿亩，签单保费达到 2.4 亿元，累计为 9713 户受灾林农支付赔款3.68 亿元，理赔金额达到 6460 万元。

1.1.9　多元化的生态保护机制逐步形成，森林资源保护得到进一步加强

多年来，在构建系统完备、科学规范、运行高效的生态保护机制方面，各地开展了十分有益的探索实践，创建了许多极具推广价值的成功模式和经验。福建省做出了全方位的努力，他们的经验和做法：一是建立和完善生态补偿机制。其主要内容包括：第一，省级以上生态公益林补偿标准动态调整机制。从 2002 年的每年每亩 1.35 元提高到 2017 年的每亩 22

元。第二，天然林停伐补偿机制。对停止商业性采伐的天然商品乔木林，给予每年每亩15元的补偿。第三，江河下游地区对上游地区森林生态效益补偿机制。2007年以来，以城市工业用水和生活用水量为依据，筹集资金10.3亿元用于生态公益林保护补偿。二是建立重点生态区位商品林赎买机制。选择武夷山、永安、永泰等19个县（市、区），在全国率先采取赎买、租赁等方式，推进江河两岸、水源地、“三沿一环”等重点生态区位商品林赎买改革试点。截至2017年年底，福建省级财政投入1.4亿元补助资金，完成试点面积23.6万亩，为有效化解生态保护与林农利益矛盾，确保国家生态安全做出了有益探索。三是建立林地“占补平衡”机制。按照“先补后占、占一补一”原则，在尤溪、平和、德化等21个县（市、区）开展试点，要求每个试点单位每年建设项目使用的林地，必须以等面积非林地予以补充，实现林地“占补平衡”。四是建立林业碳汇交易机制。制定出台了《福建省林业碳汇交易试点方案》《福建省林业碳汇项目现场核查办法》，推进林业碳汇工作开展。截至2017年年底，共完成20个林业碳汇项目试点工作，项目面积122万亩，碳汇储量为343万吨，其中成交27.4万吨，成交额为525万元。五是建立国家公园管理机制。积极推进武夷山国家公园体制试点，实现森林资源统一、高效管理。

1.1.10 林业法律保障体制机制逐步建立健全

随着新一轮集体林产权制度主体改革及其配套改革的推进，在实践中，各地立足于从源头上解决频繁出现的林权纠纷，最大限度地维护林农和林地经营者的合法权益，从制度和机制建设上强化对林业的法律保障，取得了明显效果。

从创新调解机制入手，浙江省着力加强调解仲裁组织机构建设，充分发挥相关部门职能作用，多管齐下的工作经验，开辟了一条从根本上解决林权纠纷、保障集体林权制度改革顺利进行的有效途径。在法律法规建设上，浙江省高级人民法院出台了《关于推进农村土地流转和集体林权制度改革提供司法保障的意见》，浙江省林业厅与浙江省工商局联合出台了《浙江省林地承包经营权作价出资农民专业合作社登记暂行办法》，对林权纠纷调处必须坚持的原则，法律仲裁依据、司法程序，以及如何为林农和各类新型林业经营主体提供司法保障和法律救助做出了明确规定；在组织建设上，浙江省统一要求县级设置调解仲裁委员会，乡镇建立承包经营纠纷调解办公室，行政村聘请调解员，规范构建了县、乡、村三级仲裁网络；在具体工作上，主动介入山林权属纠纷的排查调处。近五年来，累计排查省际、市际、县际等各类林权纠纷 1844 起，有效地维护了林区社会的和谐稳定。

1.1.11　林业社会化服务体系日益健全，服务质量水平有了明显提高

福建省全力深化“放管服”改革，推进权力清单和责任清单融合，编制并下发了《林业系统行政审批和服务事项参考目录》，层层落实责任，完成了各级行政审批“三集中”改革，基本实现了林业行政审批的“马上

就办，办就办好”的改革目标。在此同时，从林业大省的实际情况出发，全面加强对林木采伐的限额管理，福建省 81 个县（市、区）实行了集体林采伐公示制度，确保了采伐指标公开公平公正分配；着力加强林业科技指导，仅 2017 年，全省举办各类技术培训班约 40 期，会同农业部门举办农村实用技术远程培训 12 期，培训农民达到 108 万人次。

山东省蒙阴县不断完善林业社会服务体系，努力构建林业社会化服务长效机制，促进了以林果业为主的兴林富民产业的持续发展。一是强化科技服务体系，大力实施“内强外引”战略。近年来，先后培养林果专业技术员、农民技术员 5000 多名。争取实施“水果良种工程”等省部级科研项目 20 多个，建成了山东省规模最大、品种最齐全的果品种质资源库，年提供优质良种苗木 200 余万株。累计培育和引进蜜桃为主的果品新品种 250 余种。支持指导各类新型林业经营主体建设优质农林产品基地，全部按照绿色优质农林产品生产标准，统一供应农药、化肥等农资，保证了果品质量安全。全县累计建成优质果品基地 40 万亩，林果精品园区 37 处，70 余种林果产品获得无公害、绿色、有机食品认证，优质果率达到 80% 以上。二是健全果品销售体系。近些年来，为帮助林农开拓市场、顺畅销售果品，连续举办了八届桃花节和三届赛果会等品牌展示和产品营销活动。通过中央电视台等高端媒体和当地红色旅游基地等，政府出资设置林果业展示厅等形式开展“蒙阴果品”专题宣传。并且通过适时组织涉林部门、果品生产龙头企业、合作组织负责人参加国际经贸洽谈会，利用县乡销售网络平台和林业经纪人队伍，组建果品产地批发市场，建立果品销售季节所有运输车辆“绿色通道”等措施努力扩大果品销售渠道，蒙阴果品已进入国内大部分大中心城市并远销东南亚、欧盟等国际市场。三是建立保障服务体系。协调金融部门，加强与林农、果农的对接，积极为农户提供小额贷款为主的林权抵押贷款，有效解决林农融资难问题，全县金融部门累计发放林权抵押贷款达 3000 多万元。

江西省遂川县林业主管部门为扶持林农和新型林业经营主体发展林业产业，为每个村、每个经营主体安排一名县科技特派员和乡镇技术推广员，按照精准帮扶的要求，开展“一对一”产业帮扶并实施了为经营主体免费编制经营方案制定发展规划，免费提供合同鉴定、流转表册，免费办理抵押登记，办理流转实行上门服务的“三免一上门”服务。

1.2 存在的主要问题

从总体上看，目前新一轮集体林产权制度主体改革及配套改革方面存在的问题主要表现为：广大林农日益增长的共享改革红利的需求与改革措施及其效益发挥不充分、区域之间发展不平衡相互交织的矛盾。具体而言主要包括如下几个重要方面。

1.2.1 主体改革确权发证不到位、不规范的问题依然突出

近年来，各省区通过“林改回头看”的集中整改，在一定程度上，解决了新一轮集体林产权制度主体改革中的确权发证过程中存在的问题，侧重解决确权过程中重复发证、证地不符和林地林木权属纠纷等问题。但是我们需要清醒地看到：集体林地林木确权过程中存在的问题既有新一轮集体产权制度改革新产生的问题，也有长期以来历史遗留问题；既有工作疏忽、仓促等具体操作所产生的问题，也有政策设计不足产生的问题；与此同时，也存在农户对林地林木权属认知与理解等方面存在的问题，也就是说集体林地林木权属问题是多种因素结合的产物。由于积压时间久、纠错

任务重，在一些地区，好多问题尚未得到彻底解决。林地确权漏证、错证、一地多证、四至不清、证地不符以及由此导致的林权证长期搁置无法发放或发了又收回的现象依然存在。广西壮族自治区政府针对全区发证率仅有 50% 的问题，要求查漏补缺从 2018 年开始，在 5 年内实现发证率达到 85% 以上的目标，与国家确定的改革目标在时间上拉开了相当大的距离。个别地区的林权纠纷调处久拖不决，成为林农频繁上访影响林区社会稳定的重要因素。在林权证向不动产登记过度的过程中，存在林业部门和不动产登记的职责划分不清，政府提出办理不动产证以后，一些地区基本停办林权证但又尚未启动办理不动产证，造成农户和其他经营主体无所适从，在一定程度上，影响了集体林区的森林资源可持续经营管理。在新一轮机构改革过程中，迫切需要明确责任主体，加快办理已累积多年的产权证工作。

1.2.2　集体林地“三权分置”改革尚处于起步阶段，与农村其他改革的衔接以及相关的配套政策需要及时跟进

2014 年，中共中央、国务院下发了《关于全面深化农村改革加快推进农业现代化的若干意见》；2016 年，《国务院办公厅关于完善集体林权制度的意见》和 2018 年的《国家林业和草原局关于进一步放活集体林经营权的意见》提出：要推行集体林地所有权、承包权、经营权的三权分置运行机制，落实所有权，稳定承包权，放活经营权，充分发挥“三权”的功能和整体效用，平等保护所有者、承包者、经营者的合法权益；鼓励各种社

会主体依法依规通过转包、租赁、转让、入股、合作等形式参与流转林权，引导社会资本发展适度规模经营；拓展集体林权权能，鼓励以转包、出租、入股等方式流转政策所允许流转的林地，科学合理发展林下经济、森林旅游、森林康养等。各省区相继开展了既彼此独立，又相互联系、互为交叉的农村土地“三权分置”、不动产统一登记、农村综合产权交易改革和以林地“三权分置”为核心的集体林业综合改革。由于各项改革均处于试验摸索阶段，不同改革之间相互衔接的问题还没有得到很好解决，尤其是不动产统一登记与林权证发放管理的对应衔接，国土部门与林业部门的职责划分尚不十分明确，导致部分地区确权发证纠错、林权流转证制度推行等环节的工作出现暂时中止的情况。个别地区林业管理部门的林权登记、林权交易等职能，在不动产统一登记、公共资源交易平台、农村综合产权交易市场建设中被移交或整合，林权管理服务机构面临职能空心化甚至是机构被撤销的困境；随着集体林产权制度改革“三权分置”的不断深入，历史形成、目前仍在执行的一些限制林权流转的法规政策尚未得到及时调整，也对改革的进一步深化造成一定影响。同时，林地是不同于耕地草地具有长周期附着物和公益林、商品林之分以及林地承包权经营权、林木所有权都属于不动产登记内容的农村土地，急需对其流转方式、期限、流转后的权能等方面做出不同于耕地草地的全国统一的法律政策规定。需要强调说明的是，“三权”中的经营权尚缺乏法律意义的确认与依据，正如上文所言，虽然一些地区开展经营权证的颁发与认可试点工作，但依然尚未取得一致性意见，所有权和承包权已具有广泛的法律依据，承包权属于俱乐部权属，经营权是在承包权和所有权的基础上衍生权属，林业新型经营等主体对此经营权表示很高的关注，若不能有效地从法律层次上解决这一问题，获得集体林地林木经营权的主体则明显感觉到产权不安全和不清晰，影响到他们进行投融资活动，进而波及其生产要素的投入和集约经营水平以及集体森林资源可持续经营管理。

1.2.3　林权流转管理服务的组织化、规范化程度尚待提高

个别省区尚未建立较为完备的林权管理服务机构和林权交易服务平台，林权流转不够规范，私下交易或口头交易还有一定市场和存在合理性，尤其是专业林权评估机构和评估人员缺乏，已成为长期以来绝大多数地区制约规范流转、影响流转公平公正的重要原因。同时，在林地林木权属流转过程中，存在把持或垄断林地林木交易的现象，影响到林权交易市场效率和有效性，压低林地林木交易市场价格会降低农户林业收入水平。

1.2.4　林业规模化经营水平的提高尚需付出长期坚持不懈的努力

家庭林场、股份合作林场，林业专业合作社等各类新型林业经营主体普遍存在运行不规范、规模偏小、效益不高、带动力不强等问题。与此同时，一些林业经营主体从非林业行业转行过来，缺乏森林资源经营的技术与管理经验，抱着一腔热血转行从事林业生产，根据我们实地调研观察，可能出现经营失败，挫伤其从事林业生产的积极性。也有些所谓新型林业

经营主体借助森林资源经营的名义而非实际上从事林业经营管理，他们获取林地林木的经营权的目的在于享受林业优惠政策，或借助林权抵押贷款形式获取贷款，用于房地产等其他方面的经营管理活动。鉴于此，各级政府和相关部门需要进一步加大对新型林业经营主体的指导扶持力度，并履行监督之责，使新型林业经营主体真正经营管理森林资源，真正从事林业生产。

1.2.5 林业产业化和林下经济发展水平还不高，林业生产潜力尚未得到充分挖掘

一是林业的第二、第三产业发展滞后，产业链条有待延伸；二是资金缺乏，财政金融对林业产业、林下经济发展扶持力度需要进一步加大；三是科技支撑不足，林业难以取得突破性的发展效益；四是缺乏足以带动产业发展的龙头企业；五是林业产业和林下经济经营管理者缺乏技术和经营管理能力，迫切需要扶持与培训，建立林业职业农民机制；六是把林业产业发展与生态建设对立起来，在一些地区，因生态保护拒绝发展林业产业和林下经济，缺乏林业产业生态化和生态建设产业化的理念。

1.2.6 生态公益林管理机制有待完善

一是管理失之于过严过死，缺乏相应的流转退出机制，在个别地区虽有退出方面的规定，但可操作性差；二是由于农村人员大量外流、公益林

疏于管理的问题日益突出；三是生态补偿资金来源单一、生态补偿标准未与生态效益挂钩，其补偿标准虽经多次上调，但与商品林的年收益相比仍然处于较低水平，而且补偿资金的管理使用在个别地区还存在平均分配、截留挪用、补偿政策无法发挥其应有作用的问题。

1.2.7　林业金融改革有待深化

多年来，尽管金融部门对林业的扶持力度在持续加大，但与林业发展的实际需求相比，仍然存在贷款期限偏短、利率偏高、手续繁杂、信贷投入少、风险防范难，贷款对象范围小，普通林农难以获得支持，林业投融资成本高以及难度大；缺乏对林木收储担保机构建设相应扶持等问题。

1.2.8　森林保险工作有待加强

一是部分非重点林区森林保险的覆盖度较低；二是林农对商业性保险的积极性不高，难以全面推行；三是理赔困难，赔付率处于低位水平，平均不到 40% 。

1.3 政策建议

全国集体林权制度改革已进入新的阶段，完善集体林权制度、建立集体林业良性发展机制的方向已经明确。主动适应新形势新任务新要求，深化改革成为时代的主旋律，与时俱进地和有针对性地深化改革，巩固和扩大集体林权制度改革成果，增强集体林业发展活力，活化经营管理机制，建立良好激励体系，推动集体林区森林资源持续增长、农民林业收入显著增加、国家生态安全得到有力保障，实现参与主体多赢格局，是新的历史阶段进一步深化集体林权制度改革的主要目标和任务。考虑到新一轮集体产权制度主体改革及其配套改革取得的进展与积累的丰富经验，并认识改革过程中存在的问题与不足，结合我国集体林区的林情和社会经济发展趋势，提出如下政策建议。

1.3.1 切实加强对林改的组织领导和督导检查，确保改革深入健康快速发展

新一轮集体林产权制度改革，是继家庭联产承包责任制之后我国农村

生产关系的又一次重大变革，改革成败直接关系到农村综合改革的推进、关系到林业的可持续发展、关系到广大林农日益增长的对美好生活的需要。因此，各级党委政府要切实加强对林改工作的组织领导。一是将林改作为农村综合改革的重要内容列入各级党委政府的议事日程，纳入相关部门和干部的实绩考核，建立包括集体林产权制度改革在内的农村综合改革的奖惩问责机制，确保改革责任的落地生根；二是将对集体林权制度改革的督促检查作为各级党委政府政策研究、督查部门重要的工作职责，定期不定期地开展对改革各个环节工作的专项检查，及时发现研究在改革进程中出现的新情况、新问题，并提出解决问题的对策建议，为党委政府提供科学准确的决策依据；三是加强对改革的工作指导和信息交流，注意总结推广在改革过程中先进的工作经验，确保改革始终沿着正确的轨道持续深入发展；四是坚持并落实乡镇林业站作为县级林业职能部门的派出机构，实行垂直管理的管理体制，对已经改由乡镇管理的林业站要重新划回林业部门管理，确保林业站人员按照编制足额配备，同时强化林业站在岗人员的思想作风和业务素质建设，将林业站真正建设成为体制稳定、设施完善、制度健全、管理有序、服务有力、功能齐全、能够承担林业改革大量基础工作的基层林业管理部门。

1.3.2　采取切实措施，尽快完成主体改革确权发证的问题整改

明晰产权、确权发证是集体林权制度改革最核心的环节，没有明确稳

定的承包权，也就没有林农对林地的经营处置收益权，改革就无法顺利进行下去。因此，各级政府务必将主体改革确权发证环节存在问题的整改，作为推进改革的首要任务，组织力量、精心部署、务求在尽可能短的时间内使确权发证工作的查缺补漏、纠错纠偏取得实质性进展。

1.3.3 抓紧完善集体林地“三权分置”的相关法律法规和政策

推进国家相关改革举措与林业的衔接。紧紧抓住《中华人民共和国农村土地承包法》《中华人民共和国森林法》等相关法律法规修订的机会，对集体林地的所有权、承包权和经营权做出明确界定，特别是明确林地流转后林地经营权可转让、可抵押和自留山集体所有、长期无偿使用、允许继承转让的法定权利；进一步明晰林权流转环节中各相关部门的职责，厘清林业和自然资源部门间的林地（林木）所有权、使用权、经营权登记，山林纠纷、调处等事项的权责划分，并及时出台相关政策，为建立顺畅的林地“三权分置”运行机制、大力推进适度规模经营扫清法制障碍。

1.3.4 进一步加大财政金融对林业的扶持力度，积极引导社会资本参与林业生态建设

建立公共财政为导向、社会力量参与的林业投入机制。一是加强公共财政对林业的投入。建立多方位、多层次筹集财政支林资金和与财政收入

增长幅度相一致的林业专项资金投入增长制度。二是积极探索创新林业资金投入机制。积极推行专项资金项目申请制，实施以奖代补的林业投入政策。大力推广政府和社会资本合作（PPP）模式，发挥财政资金撬动作用，鼓励引导社会资本参与林业生态工程、林区基础设施建设、造林绿化、森林资源保护和森林旅游休闲康养等产业。进一步改进和加强资金使用管理，最大限度地提高投资有效性和公共资金使用效益。三是着力强化金融对林业的扶持力度。积极创新林业金融产品，根据林业生产周期长和抵押标的物特点，设立与主伐期大体一致的贷款利率低、贷款期限长、资金使用灵活的中长期“绿色”贷款。着力优化林权抵押贷款机制，适度放宽贷款还款条件，努力简化贷款程序、降低贷款利率。将采伐迹地、幼林、花卉苗木、林下经济和森林旅游纳入林权抵押贷款的抵押物范围。建立健全林权抵押贷款风险担保机制，对林木收储担保机构建设给予一定补助。

1.3.5　全力发展林业产业和林下经济

将林业产业和林下经济发展作为实现改革目标，让林农尽享改革红利的突破口来抓。一是加强调查研究，根据各地自然资源优势和经济发展水平，选准选好最适合当地实际情况的林业产业和林下经济项目，制定出明确的发展规划和战略目标，并采取典型引路、扩大生产、努力延伸产业链条发展林业第二、第三产业，培育林业产业集群等方式做大做强林业产业和林下经济，鼓励第一、第二、第三产业融合发展；二是将林业加工服务业和林下经济纳入财政投资专项和贷款贴息扶持范围；三是根据第八次全国生态环境保护大会的精神，坚持“绿水青山就是金山银山”，贯彻创新、协调、绿色、开放、共享的发展理念，加快形成节约资源和保护环境的空间格局、产业结构、生产方式、生活方式，给自然生态留下休养生息的时间和空间，走产业发展生态化和生态建设产业化之路，摒弃生态建设与产业发展水火不相容的理念，尤其是发展不以森林资源直接利用为目的的相关产业，如康养和生态旅游产业等。

1.3.6 大力扶持林业新型经营主体

通过规范林权流转，从法律制度上确保新型林业经营主体林地林木经营权，设立林地规模经营发展资金、实行财政奖补，在项目实施、林木采伐、市场流通、抵押贷款和政府贴息等方面给予适度倾斜等政策措施，充分发挥包括专业大户、家庭林场、民营林场、股份合作林场、各种专业合作组织等新型林业经营主体在实现林业规模化、集约化、组织化、资本化，实施林业扶贫，壮大集体经济、增加林农收入方面的重要作用。

1.3.7 着力推进政策性、商业性森林保险工作

一是加快完善森林保险各种自然灾害损失认定标准，提高政策性、商业性森林保险理赔的准确性，从制度层面避免和减少理赔纠纷；二是推动政策性森林保险投保周期改革，适度延长投保周期，最大限度地方便林农和林业经营主体投保；三是加大商业性森林保险的宣传力度，进一步提高政府对商业性保险保费的补贴标准；四是建立健全县级森林保险纠纷调处

机构，完善森林保险纠纷调处机制；五是强化森林保险服务体系建设，加强与保监部门的协作沟通，建立健全森林保险出险案件的理赔定损机构，着力提高森林保险理赔效率。

1.3.8　进一步完善森林生态效益补偿制度，全面规范和加强生态公益林管理

一是实施森林生态效益补偿的动态调整机制，充分发挥地方财政的补偿功能，逐步提高补偿标准，特别是用材林划入公益林的补偿标准要逐步达到同等用材林的收益水平。二是建立在总量保持不变基础上的科学的公益林调整退出机制。三是根据国家财力，有计划、分步骤地采取直接赎买、租赁赎买等方式，逐步实现国家对公益林的统一管理。四是把森林生态效益补偿与生态绩效有机地结合起来，借鉴美国休耕项目的经验，设计相应的生态指数，按照森林生态指数给予补偿。五是市场在资源配置中发挥决定性作用的大背景下，建议多元化和多主体的森林生态效益补偿机制，侧重培育新型森林生态效益补偿主体。六是关注贫困地区的森林生态效益补偿，对贫困地区给予优先和重点财政支持，把森林生态效益补偿与精准扶贫战略有机融合起来；在精准扶贫战略中，林业发挥更好和更重要的作用。

1.3.9　进一步加大林业社会化服务力度

在加强政府主导的公益性服务的同时，全力推进社会化的经营性服

务。一是综合运用典型示范、业务指导、政策扶持等手段，认真解决林业合作组织、林业专业协会制度不健全、运作不规范、服务不到位和形同虚设等问题，切实发挥这些组织在实现林业规模化经营中的中坚主体作用。二是加快农村林业发展融资体系建设步伐。建立健全银行、保险、林业、财政等部门和单位的沟通协调机制，积极为林农和新型林业经营主体提供林业发展融资支持。三是加强林业科技推广体系建设。建立健全省、市、县、乡四级林业科技推广和科研服务机构。积极推动林业类高校、农林业科研院所与村组、林业经营主体开展科技推广和人员培训等方面的协作，全力提高林业生产的科技含量。四是着力强化林权管理服务机构和林权交易服务平台建设，进一步规范林权流转，确保林农和新型林业经营主体的合法权益。积极推进县级林权评估机构建设、林权评估资质认定和评估业务培训，规范林权评估程序，强化林权评估监管，建立并实施评估指导价制度。五是探索建立区别不同情况由人民法院、公证机构、律师、人民调解员参与纠纷处置的工作机制，抓紧林权纠纷调处，尽快处理历史积案。六是建立林业职业农民或经营主体制度，对林业新型经营主体进行职业培训，提高其森林资源经营管理和技术水平。

第 2 章

我国集体林产权制度改革及配套改革相关政策问题及建议

2.1 引　言

根据第八次全国森林资源清查结果（2009 ~ 2013 年），集体林业用地面积占全国林业用地面积的 60.50%，在中国林业发展中集体林占据重要地位（国家林业局，2014）。1978 年开始，我国农村土地经营模式经历了一次巨大变革，家庭经营承包责任制分离了土地的使用权和所有权，形成了公有私用的土地产权制度。受益于 1981 年颁布的《关于保护森林发展林业若干问题的决定》，林业生产责任制得以确定，林农的山林林权得以保障，林业开启了多种经济成分的经营模式，家庭承包经营在随后几年成为南方集体林区的主导经营模式，集体林总面积中有近七成实现了家庭承包经营。自 1985 年起，集体林开始被大规模采伐，进而导致中共中央国务院在 1987 年出台《关于加强南方集体林区森林资源管理，坚决制止乱砍滥伐的指示》，指出"集体所有集中成片的用材林凡没有分到户的不得再分。已经分到户的，要以乡或村为单位组织专人统一护林，积极引导农民实行多种形式的联合采伐，联合更新、造林"。同年，原林业部一方面停止了继续分配集体林林地，另一方面则鼓励集体经济的发展；在某些省区，已分配到户的责任山和自留山就此被林业部门调整乃至收回。整个 20

世纪80年代，我国政府对待林业家庭承包经营的态度前后不一，加之集体林区自然、社会经济条件不同，共同作用形成了20世纪90年代初的多种林业产权模式（刘璨，2015）。直到21世纪初，集体林业发展的内外部条件发生了重大变化。2002年颁布的《中华人民共和国农业法》和《中华人民共和国农村土地承包法》使得农村土地经营制度被进一步明确。2003年，中共中央国务院出台的《关于加快林业发展的决定》开启了新一轮集体林产权制度改革，以期通过一系列改革措施发展集体林业，进而提高林农收入并推动农村发展。自2004年起，每年的“中央1号文件”均有促进集体林产权制度改革的表述。2008年，中共中央国务院出台的《关于全面推进集体林产权制度改革的意见》在全国范围内推行集体林产权制度改革，旨在通过深化改革、完善政策、健全服务、规范管理，逐步形成集体林业的良性发展机制，最终实现资源增长、农民增收、生态良好、林区和谐的目标。

此次林权制度改革是继林业“三定”以后的针对集体林权的一项重大改革，改革的主要内容是确权、发证、流转，以建立林业要素市场，实施对象包括除国有林场以外的所有林地，以及其他土地上生长的林木。改革的目标是建立产权归属清晰、经营主体落实、责任划分明确、利益保障严格、流转顺畅规范、监管服务到位的现代林业产权制度，实现森林资源的增长、农民收入的增加和经济社会的和谐发展。

近年来，为实现林业双增目标，促进林业经营主体更好地经营集体林，中央与各级地方政府实施了一系列林业财政扶持政策，本书将对林改主体措施、林权抵押贷款、林地流转、经营意愿等几个重要方面进行分析。目前，已有较多有关集体林权制度改革及配套改革的研究文献，但尚缺乏利用跟踪数据且从不同视角来认识与理解集体林产权制度改革及配套改革的研究。因此，本书拟从上述不足之处入手，发现集体林产权制度改革及配套改革中存在的问题，在此基础上提出相关政策建议。

2.2　集体林产权制度改革及配套改革

2003年，福建、江西等省率先启动新一轮集体林产权制度改革试点。2008年，随着中共中央国务院出台《中共中央　国务院关于全面推进集体林产权制度改革的意见》，新一轮集体林产权制度改革的主要任务被明确为“明晰产权”“堪界发证”“放活经营权”“落实处置权”“保障收益权”“落实责任”等，并提出“用5年左右的时间，基本完成明晰产权、承包到户的改革任务”。截至2014年年底，集体林权制度改革“山林确权”的主体改革任务已基本完成，全国已确权集体林面积1.80亿公顷，占全部集体林地的96.95%。

新一轮集体林权制度改革的目标是实现森林资源质量和农民收入的“双增”。新一轮集体林权制度改革为广大林农提供了从事林业生产经营的基本条件，但集体林对林农收入贡献较低的问题却依然未得到解决。为激励森林经营主体参与林业经营，2009年以来，在集体林权制度改革主体改革的基础上，国家林业局独立或会同财政部、中国人民银行等部门出台了一系列的林改配套改革措施，包含森林保险，林权抵押贷款，造林、良种及抚育补贴，税费和采伐改革以及促进林业专业合作组织发展等。截至 2014 年年底，26 个省市区森林投保面积 15.02 亿亩，保险金额 7315.09 亿元，保费 68.10 亿元，政策性补贴 18.44 亿元。集体林地流转累计面积 2.28 亿亩，占确权林地面积的 8.43%。全国累计建立林业合作组织 15 万个，涉及农户 1470.96 万户。

2.3 集体林改后农户经营意愿低及政策建议

森林资源应对全球气候变化发挥重要作用，在缓解农村贫困中发挥基础性作用。为了促进集体林区社会经济发展与森林资源培育，2003 年以来，福建省、江西省、辽宁省等省陆续启动继 20 世纪 80 年代以后的新一轮集体林产权制度改革；2008 年以后，新一轮集体林产权制度改革在全国范围内铺开，2009 年以后陆续启动了森林保险、降低税费、造林补贴、抚育补贴、林权抵押贷款等配套改革措施。经过近 8 年的各级政府及林业部门的努力，基本上完成集体林产权制度以明晰产权、确权发证为标志的主体改革，配套改革措施不断推行，取得了长足进展。

农户是否愿意把其劳动力、资本、土地等用于林业生产取决于这些生产要素的机会成本，比如劳动力用于林业生产所产生的收益高于其机会生产成本，则用于林业生产，否则将不会用于林业生产。林业生产所产生的净收益取决于成本和收益，所有影响林业生产成本与收益的因素均会影响到农户经营林业的积极性，也就是影响他们的经营意愿的高低。若农户的经营意愿高，则有助于实现集体林权制度改革增加农民收入和增加森林资源的目标；否则将对集体林业生产和农民收入带来消极的影响。

通过集体林产权主体改革，农民获得具有法律保障的林地使用权和林木所有权，这是一笔比较大的由农民比较自主控制的财富；减轻税费负担和对造林、抚育进行补贴，并允许林地使用权和林木所有权作为合法抵押物进行抵押获取生产生活所需资本，所有这些主体及配套改革措施得到了广大农民的衷心拥护和支持。农民是否信心百倍地经营所获得林地林木，是否形成获得森林资产以后不经营林业问题或者经营意愿不高的问题？令人遗憾的是，农户林业经营意愿不高的问题的确存在。

2.3.1　样本农户经营集体林的现状与问题

2009 年以来，国家林业局经济发展研究中心的“我国集体林产权制度主要政策问题”调研组对 2340 个样本农户进行了跟踪调研，提高与农户、村、乡镇、县等有关人员进行面对面的交流和访谈，比较真实、全面地了解到了集体林产权制度改革的实施情况以及样本农户对“林改”反应和评价。

第一，集体林权改带来的最大好处是增加家庭财富而非增加家庭收入。2010 年、2012 年和 2014 年，样本农户认为“林业带来的好处是因为增加了家庭财富”的比重分别为 48.38%、52.02% 和 64.77%，明显地高于对“是因为经营增加了家庭收入”的 38.98%、33.71% 和 51.08% 的回答，更是高于对“是因为林地多了形成了一定规模”的 3.16%、4.04% 和 8.23% 的回答。农户认为集体林权制度改革给他们带来最大的好处是增加了家庭财富，而非是通过林业经营带来收入。“林权改革对您家没有带来好处”的样本农户比重分别为 20.00% 、15.94% 和 20.64% 。对于回答没有好处的样本农户而言，2010 年、2012 年和 2014 年分别有 31.99% 、25.19% 和 45.45% 的样本农户认为“是因为林地经营收益不好”，同期有 22.05% 、10.91% 和 18.18% 的样本农户选择“对林地没有兴趣，有和没有没什么区别”的选项。

第二，农户对配套改革政策的反应差强人意。利用 2003 年以及 2007 ~2013 年共计 9 年的样本农户数据，采用计量经济学模型，定量分析了样本农户对配套改革的反应，只有林权抵押贷款政策显著地提高样本农户的林业劳动力投入与生产费用投入，而主体改革与其他配套改革措施没有显著地影响到农户对林业的劳动力与生产费用投入，而获得林权抵押贷款的农户约占样本农户的 1% 左右，主要是一些经营大户或者公司，普通农户尚难以获得林权抵押贷款。从这一分析结果来看，集体林权改革配套改革尚有改进空进，以便能够影响到样本农户的林业经营的投入行为。同时，提高木材价格能够显著地影响到样本农户对林业的劳动力与生产费用的投入，并且有助于样本农户持有更多林地。与我们预期不一致的是，农户对政策的预期稳定性增强，在 2010 年、2012 年和 2014 年，样本农户将不愿意加大林业投资归咎于“对政策的稳定性不放心”的仅为 4.54% 、4.53% 和 3.65% ，足以证明样本农户对政策稳定性和持续性抱以较大信心。政策的稳定性基本不再成为农户经营林业的主要制约因素，扭转了农户因担心政策不愿意或不敢投资的格局，这是非常值得肯定的现象。

第三，不愿意加大林业投入的农户比重增加，样本农户林业投资意愿有限。2010 年，表示“不愿意加大林业投资”的样本农户比重为

45.20%，但该比重在 2014 年上升到 62.93%。其原因主要是因为林业生产周期较长，风险也相对较高。2010 年、2012 年和 2014 年的 3 个调研年度认为林业经营风险较高的样本农户比重分别为 36.61%、29.37%、29.18%。直接表现出对经营林业不感兴趣的样本农户比重分别为 28.33%、31.10%、26.18%，究其根本原因是林业经营整体收益水平较低。另外，我们的调查结果显示：在 2010 年、2012 年和 2014 年愿意投资林业的样本农户中，计划投入 5000 元以下的样本农户分别占 42.42%、58.97% 和 42.14%；计划投入 5000 元 ~ 10000 元之间的样本农户分别占 31.84%、29.44% 和 33.48%；计划投入 50000 元以上的样本农户分别占 8.79%、3.74% 和 8.96%。调查结果还显示：2010 年、2012 年和 2014 年有 93.12%、96.59% 和 98.44% 的样本农户对林业投资主要是自有资金，获取银行信贷（包括林权抵押贷款）的农户约 1%，林业投资来源渠道单一。

第四，基础设施薄弱，尤其是林区道路供给不足。20 世纪 80 年代以来，我国对集体林区投入了大量资金，更多地资金投入到造林和资源管理中，对林区防火、道路等基础设施投资明显不足，尤其是林区道路。良好的林区道路可以有效地降低森林资源经营管理成本，我们调研中发现，由于新一轮林改之后，农民林地分成若干地块，有些农户抱怨因林产品的运输成本偏高而放弃经营或者收获，尤其是在劳动力成本不断提高的背景下，如四川省和浙江省一些农户乃至整个行政村即使获得木材采伐指标，也会主动放弃，既然不能从森林中获取收益，农户则会无林业经营意愿或者林业经营意愿不足。

第五，规模小、资金不足和缺少技术成为农户林业经营的主要制约因素。针对样本农户“开展林业经营存在的主要困难”，2010 年、2012 年和 2014 年，样本农户选择“经营规模太小”是主要困难的比重分别为 29.12%、51.39%和 31.96%；认为“缺乏技术”是主要困难的比重分别为 12.38%、23.22%和 19.50%；认为“资金不足”是主要困难的比重分别为 22.90%、36.29%、40.77%，表明资金短缺已逐渐成为制约样本农户经营林业的最大因素；认为“缺乏劳动力”是主要困难的比重分别为 15.80%、10.97%和 34.08%；认为“林业抗风险能力低”是主要困难的比重分别为 12.30%、7.38%和 15.25%。

第六，政府对经营林业的扶持与林农期望存在一定差距。根据 3 次调研数据，2010 年、2012 年与 2014 年，样本农户得到政府各类林业扶持的比重呈逐年上升态势，分别为 32.97%和 35.86%和 48.30%；同时，我们的分析结果还发现，政府补贴对样本农户经营林业的激励有所上升，但与林农的期望还有一定差距。2010 年、2012 年和 2014 年，样本农户认为政府的相关补贴对林业经营有很大或较大激励的比重分别为 36.21%、27.05%和 47.89%；回答激励作用一般和无激励作用的比重分别为 73.79%、82.95%和 52.11%。对于政府对林业的扶持形式，在 3 次调研中均有超过八成的样本农户希望直接发放现金。

2.3.2 针对样本农户经营集体林问题的政策建议

目前，我国集体林权制度改革已基本完成了以明晰产权、确权发证等主体改革任务，集体林地的“三权”已分配到位，受到农户群众的一致认可；在全国范围内，各项“林改”配套改革措施在不断深化，已经取得了一些成效。但仍需要认识到，农户林业经营意愿不强且呈现出明显下降趋势，这是非常值得关注的问题。农民经营林业意愿不高不仅与现行的集体林产权制度及配套改革政策设计局限及其没有与时俱进有关，而且与其他部门和宏观经济政策有关，同时也与市场发育紧密关联，也与我国处于急剧社会经济转型密切相关。农民经营林业意愿不高是集体林改革过程中所出现，需要从发展和改革的角度寻求解决之策，而不应该一股脑地抱怨过去政策与改革的不合理，即使过去合理的政策也会因发展而丧失其合理性与有效性。在充分发挥市场配置资源决定性作用的前提下，考虑到森林资源生产特点，实时适当出台相关政策措施，提升农户的林业经营意愿，农户愿意经营林业才能夯实集体森林资源经营的基础，发挥森林资源在应对气候变化和缓解农村消除贫困中所应有的作用与地位，走出一条绿色与包容发展的新路。我们提出如下政策建议。

第一，对尚未确权集体林积极开展收尾工作。根据我们的调研结果，尚有 17.26% 样本农户获得林权证或者尚未获得全部林地的林权证，林权证是林地使用权和林木所有权的法律保证，有法律保障，农民才能愿意经营林业。结合农村不动产登记工作，尽快完成相应的确权和补发林权证的工作；对存在的林权纠纷要及时合理合法调处，建议上一级政府和林业主管部门督办下一级政府和林业主管部门积极开展林权纠纷调处工作；对新一轮集体林产权改革中因工作粗糙而出现确权问题，要正视存在的问题，积极采取弥补措施，把确权过程中出现的问题在合理合法的基础上加以解决。

第二，提高集体林补贴标准，注意协调农村各行业之间的补贴标准。近年来，我国陆续实施了造林补贴、抚育补贴等重要惠农政策措施，激励了林农和其他林业经营主体参与造林和森林管护的积极性。但我们还要清醒地看到造林等补贴政策依然存在巨大的改进空间。一是造林补贴标准低且全国标准统一，没有考虑到全国各地的实际情况。二是有造林补贴，没有森林资源管护补贴，造成了长期以来重造轻管，造林不见林或者造林不成林的顽症。三是在集体林权制度改革以后，森林资源形成了一家一户的经营格局，这种格局的形成又难以实现对森林资源的有效管护。林地分是分了，但统的不足或者根本没有统，经费短缺是统的功能没有得到充分、有效发挥的根本原因，统的功能的实现需要得到政府补贴予以激励。四是我国人口红利逐渐消失，人力成本不断提高，造成从事林业积极性下降，甚至出现放弃林地经营的问题，需要引起高度重视。五是我国林业补贴种类和总量远远低于农（畜牧）业补贴的种类和规模，进一步拉大了经营农业和林业收益差距。为了有效地调动农民和其他经营主体参与森林资源管理，需要强化国家对森林资源经营管理的补贴力度，使必要的补贴成为种子资金，成为激励社会各界参与森林资源经营管理的重要措施。我国有雄厚的财力对森林资源经营管理实施补贴，我们认为有必要在补贴试点的基础上，像启动退耕还林工程等林业重点工程一样，启动森林资源经营管理补贴工作，并建立长期可行的补贴机制，提升集体林补贴标准，缩小与农业、畜牧等行业之间的补贴标准差距。

第三，引入资产化和信托的新政策理念实现集体林地规模化经营并积极开展相应试点工作。鉴于农户对林改感觉良好，但经营意愿不强的问题，充分考虑到相关集体森林资源管理环境发生的变化，可能需要新思路，而不能简单地在分与合的方面，如林业资源能否走信托的道路，把每家每户所获得的森林资源进行证券化，尽快改变小户经营不愿意或者无力经营森林资源状况，引入外部力量改造传统的林业，如果不能有效地引入外部资源或者技术、理念等，那么难以对我国传统农户林业经营产生有效地冲击，难以破解产权清晰而经营动力不足的悖论。在一个较长时期，重组生产要素，那么必然带来熊彼特所言的“创造性破坏”，必然要有一些群体要为此付出相当高的代价，我们认为可能是农户，原因在于他们继续经营森林资源所获得的净收益少，而且经营动力明显不足，市场在配置资源发挥决定性作用的背景条件下，农户将不得不让出其拥有的森林资源，实现更大规模的工业化森林资源管理，也就是用工业化模式经营管理森林资源，实现规模经济化森林资源经营管理；农户将沦为工业化森林资源经营的劳动力供给者或者参与者，甚至可能被迫退出森林资源经营管理，离开农村转向其他产业的发展，这不是危言耸听，一些发达国家的林业发展路径已经证实了这一点，虽然现在美国与欧洲存在相当大比重的小规模林场主，他们经营林业的核心目标是休闲而非获取经济收益，一些商业化私有林主要么扩大规模要么退出，或者走向联合的道路。森林资源资产化和信托新政试点可以考虑纳入全国农村改革工作相关试点之中，可以在条件成熟的地区先高几个试点，总结经验，再逐步推广。

第四，积极开展职业技术培训，促进农村人口转移出去。实现规模经营的前提就是适度扩大每个经营主体的经营面积，需要在明晰产权的基础上，通过证券化和托管等多种形式实现集体林规模经营。减少下来的农民要转移出去，农民转移出去的前提条件是农户能够在外获得高于自己从事农村相关产业发展的经济回报。职业技术培训是提高农民人力资源和提高在外生存能力的有效手段，建议国务院能够授权人社部门和农业部门那样授权县级林业部门对林农开展职业技术培训，尤其是在以林为主的县市区，强化培训力度，在资金和培训资源等多个方面给予支持，我们建议需要建立转向林区农民职业技术培训基金。

第五，强化林区道路等基础设施建设。鉴于林区道路等基础设施成为制约农户经营意愿的瓶颈之一，在“十三五”期间，增加集体林区道路等基础设施建设力度，在政府增加投资的基础上，可以考虑引入“民营—政府”伙伴关系（PPP），重视引入民营投资改善集体林区道路等基础设施建设，降低森林资源经营管理的成本，提高效益，诱导农户增强经营林业的信心。

此外，基层林业部门要转化工作思路和方法，适应新一轮林改千家万户的林业经营模式，为每家每户提供有针对性技术服务与咨询等工作，提高工作的有效性。

2.4　林权抵押贷款存在的问题及政策建议

我国与其他发展中国家一样，存在信贷体系与政策发展不完善的问题。2008 年，中共中央国务院出台的《关于全面推进集体林权制度改革的意见》指出需要发展林权抵押贷款。作为“林改”配套改革中的一项重要内容，2009 年，国家林业局、中国人民银行、财政部、中国银监会和中国保监会联合出台了《关于做好集体林权制度改革与林业发展金融服务工作的指导意见》；2013 年，中国人民银行联合国家林业局发布的《关于林权抵押贷款的实施意见》指出：以承包经营的商品林作为抵押，林农或其他林业经营主体可以从银行贷款，以用于林业生产经营。

2.4.1　林权抵押贷款存在的问题

2004 年 4 月，福建省农村信用社联合社率先在三明市永安县完成了首笔林权抵押贷款业务。2005 年年底，江西省在 7 个县（市）开展林权抵押贷款业务试点工作。2006 年，浙江、安徽等省也开始了林权抵押贷款试点工作。截至 2014 年年底，我国已累计实施林权抵押贷款面积 9040.85 万亩，贷款金额1797.06亿元。林权抵押贷款取得了长足进展，但从林权抵押贷款政策的实施情况来看，依然存在一些迫切需要解决的问题。

第一，林权抵押贷款以公司和国有林场为主。经营面积50亩以下的农户、经营面积在50~100亩之间的农户、经营面积在100~1000亩之间的农户和1000亩以上的农户林权抵押贷款占全部林权抵押贷款的比重分别为0.18%、1.32%、1.62%、18.60%和11.68%，公司和国有林场的林权抵押贷款占全县林权抵押贷款的比重分别为46.70%和18.77%，村民小组获得的林权抵押贷款的比重为1.12%。在一些县市区公司和国有林场获得的林权抵押贷款比重超过50%。国家林业局公布的资料显示：截至2013年年底，非农户林权抵押贷款金额占林权抵押贷款总额的55.60%，与我们的实地调查结果基本接近。A县、B市、C区、D县、E县和F县平均每笔林权抵押贷款金额为33.63万元、167.34万元、99.01万元、93.79万元、72.61万元、79.24万元和42.40万元，相应地公司获得林权抵押贷款金额分别为625.00万元、332.40万元、507.00万元、210.00万元、291.60万元。这些县市区农户获得的林权抵押平均金额随着林地规模的扩大而增加，主要集中分布在经营规模在100亩以上，尤其是经营规模在1000亩以上的大户。

第二，林权抵押贷款集中在少数几家。我们分别计算了已获得林权抵押贷款中最大1家、最大3家、最大5家和最大10家的申请林权抵押贷款占全县林权抵押贷款的比重。D县的该比重分别为15.65%、34.43%、46.64%和66.39%，F县的此比重分别为28.93%、66.76%、80.55%和82.78%，A县、B市、C区、E县的最大10家林权抵押贷款占全县林权抵押贷款的比重分别为 89.37%、64.34%、53.57% 和 34.16%。林权抵押贷款最高的一笔金额为 1200 万元，最小金额为 0.5 万元。这些数据显示，林权抵押贷款集中度相当高，林权抵押贷款向大林业经营主体倾斜，没有达到解决小型农户的资金缺乏的问题。我们的另一项调研数据显示，仅有不超过 1% 的样本农户曾经获得过林权抵押贷款。这与国家林业局的统计数据基本吻合，表明林权抵押贷款尚未惠及广大农户，成为普惠政策。

第三，林权抵押贷款平均抵押额低和歧视小规模的农户，偏爱经营规模大的农户、公司和国有林场。经营面积 50 亩以下的农户、经营面积在 50 ~ 100 亩之间的农户、经营面积在 100 ~ 1000 亩之间的农户和 1000 亩以上的农户每亩林权抵押贷款平均金额分别为 0.21 万元、0.36 万元、0.64 万元、0.85 万元和 1.11 万元，随着农户林地经营规模的增加，单位面积林权抵押贷款金额呈现出明显上升态势；公司和林场的平均林权抵押贷款金额分别为 0.81 万元和 1.68 万元，以村民小组名义进行林权抵押贷款的，平均每亩林权抵押贷款金额为 0.38 万元，接近经营规模在 20 ~ 50 亩之间的农户的平均水平。比较明显地歧视小规模经营的农户。国家林业局的统计结果显示：截至 2013 年年底，林权抵押贷款面积达 7015.50 万亩，累计抵押贷款金额 1166.00 亿元，平均亩林权抵押贷款 0.17 万元。其中，农户抵押贷款面积 3500.70 万亩，抵押贷款金额 517.68 亿元，平均每亩林权抵押贷款为 0.15 万元，我们的调查结果与国家林业局统计结果基本吻合。A 县、B 市、C 区、F 县和 G 县获得林权抵押贷款额分别相当于林地林木评估价的 44.51%、55.83%、57.26%、43.49% 和 49.09%，林权抵押贷款额明显低于评估价值。

第四，林权抵押贷款期短。林权抵押贷款期平均不足2年，最短的1个月，最长的10年；同时公司的林权抵押贷款期稍微长于大户，国有林场的林权抵押贷款期长于公司的；并且林权抵押贷款很少能够得到展期，若需要林权抵押贷款，则需要再度申请，从而增加林业经营者的申请成本。林业生产的重要特点是生产周期长，如此短期的林权抵押贷款不能有效地适应林业生产周期长的特点，在某种意义上说，林权抵押贷款成为林业生产经营者的过桥资金，而非林业生产经营管理的资金。

第五，林权抵押贷款基本以农村信用合作社和抵押贷款公司为主，国有商业银行涉及较少。根据我们的调查结果，农村信用合作社和农村商业银行发放的林权抵押贷款的宗数占总宗数的40.32%；担保公司或者贷款公司发放的林权抵押贷款宗数占总宗数的49.84%，个人发放的林权抵押贷款宗数占总宗数的0.32%，而应当作为林权抵押贷款主渠道的国有银行，其发放的林权抵押贷款宗数仅占总宗数的9.51%，其中中国农业发展银行、中国农业银行、中国银行和中国工商银行分别发放林权抵押贷款的宗数分别为9宗、11宗、3宗和1宗，中国邮政储蓄银行发放了38宗林权抵押贷款。

第六，林权抵押贷款有非林化趋势。国家没有明确规定林权抵押贷款的用途，但我们调研发现不以林业经营为目的的林权抵押贷款宗数约占44.03%，意味着林权抵押贷款存在非林化趋势。在我们调查过程中，据个别县市区估计80%~90%的林权抵押贷款没有用于林业，以林业经营为目的的林权抵押贷款比重明显偏低；此外，一些公司将林权抵押贷款投资于房地产行业，一旦房地产行业遇冷，银行将难以收回这些林权抵押贷款。

第七，林权抵押多元化。根据我们的调研，有 20.55% 的林权抵押贷款主体没有标明林种类型；在所有标明林种类型的林权抵押贷款中，抵押物为用材林、经济林、竹林和生态公益林的所占比重分别为 79.96%、3.45%、15.30% 和 1.29%。从上述数据可以得知，林权抵押贷款的主要林种为用材林，但国家政策禁止抵押的生态公益林也有少量进入林权抵押范畴。

林权抵押贷款出现上述一些问题，需要寻求背后的一些原因。林权抵押贷款涉及林业经营主体（包括林农、公司、国有林场等）和金融机构，我们需要了解这些当事方对林权抵押贷款政策理解与认识，需要了解他们对林权抵押贷款的认识，这样针对问题的症结出台相应的政策措施，发挥林权抵押贷款的政策潜力，解决林业经营主体尤其是小农的林业经营的资本不足，促进森林资源可持续经营和增加林农收入的新一轮集体林产权制度改革的目标。

从林权自身特点来看，林地林木不是一种良好的抵押物，在管理中存在诸多不便。一是由于贷款抵押物（森林、林木和林地使用权）大多位于林区，林木品种多、生长交植、分布面广、数量大、计算复杂，需要专业人员对贷款抵押物进行调查核实。二是在贷款发放后，需要对抵押物进行跟踪核查，由于森林资源较易受到各种外界因素影响，导致其难以准确核查和测算。三是潜在的政策等不确定因素可能导致抵押物价值发生变化。例如，商品林木一旦被林业部门划为生态公益林，林木的利用将受到限制，抵押物价值下降，银行发放的贷款无法得到保障。四是林权贷款的抵押物难以变现。如果林权抵押贷款出现违约，就会涉及林木的变现处理，但变现处理面临种种困难。采伐变现还贷可能受到林木采伐限额等政策的限制，且交易成本较大；折价抵贷实质上是迫使银行成为林业经营主体，变现过程不但耗时耗力，还往往达不到预期效果。

基于林业经营主体的视角，阻碍他们获得林业信贷的主要原因依次为：一是国家政策不落实或落实不彻底；二是林权抵押贷款条件苛刻；三是林权抵押贷款手续复杂，拖延时间长，金融机构人员服务态度差；四是小规模林业经营主体不知道或者不了解林权抵押贷款政策及其申请程序与渠道。

基于放贷金融机构的视角，金融机构不愿意进行林权抵押贷款的原因在于以下几点。一是小规模贷款的风险和财务成本较大。二是金融机构缺少林业知识，对林业的经营管理不熟悉。三是林业部门尚未与银行实施森林资源信息共享，造成信息不对称，同时林地林木频繁流转，难以确认林权。四是尚未形成市场化评估机制，出现按照贷款额确定评估额的问题。一些公司为了骗取高额林权抵押贷款，聘请资产评估机构故意高估其林地林木价值，并在获得贷款后“跑路”，造成金融机构出现坏账。五是林地林木作为抵押物预期的问题，难以处置，且目前森林资源收储工作进展比较缓慢。六是大部分森林保险仅仅涉及火险，对冰冻、风灾、水灾等多种保险尚未涉及，森林资源的安全性难以完全保证。我们应该看到，最近几年，银根紧缩，大量资本没转移到实体经营方面上来，作为比较收益比较差的林业难以引起金融机构的关注，金融机构希望在短期之内获得更高的资本回报，虽然中央政府一再出台政策鼓励林权抵押，但金融机构置若罔闻。

基于中介服务机构的视角，森林资源资产评估的可靠性和准确性是开展林权抵押贷款的重要前提。就总体情况而言，我国的森林资源资产评估尚不成熟，缺乏具有专业技术的评估人员。森林资源评估需要一定数量的有资质的资产评估师，熟悉林业生产经营情况的林业工作人员难以获得资产评估师资格，而拥有资产评估师资格的人员又不熟悉林业生产经营情况，这些因素共同导致了现有森林资源评估不足或评估结果不准确，无法满足林权抵押贷款供需对森林资源评估的需求。

2.4.2 针对林权抵押贷款的政策建议

针对目前实施林权抵押贷款存在的问题，我们提出如下政策建议：第一，林权抵押贷款应当将大部分贷款用于林业，严格控制非林化用途，可以借鉴房地产贷款的经验与做法，林权抵押贷款必须全额用于林业经营管理活动中去，建立相应的信息动态监控机制。第二，创新贷款模式。在政策允许、风险可控的前提下，金融机构应结合当地实际开展多种抵押方式的林权抵押贷款。例如，将林权与其他土地、房屋等共同作为抵押物，或寻求第三方担保机构将林权作为反担保等。在森林资源资产评估上，贷款供需双方应协商确定评估机构，或者由放贷方选择评估机构，贷款方予以确定认可。第三，可以借鉴国际小额信贷发展的经验，采用联保贷款中的连带责任、小组基金、累进贷款、次序贷款等一系列技术，推动林业小额贷款的发展。在森林资源丰富的地区，贫困问题具有一定的普遍性。积极推行林权抵押小额贷款，对于森林保护、扶贫以及社区发展，均具有十分重要的作用。第四，一方面，林业部门要为林权抵押贷款安全性创造条件。充分认识金融机构开展林权抵押贷款面临的困难，并通过一些行之有效的措施降低信贷风险，要严格把关森林资源确权、登记、评估、流转和采伐等环节，保障放贷机构的权益；另一方面，地方政府要不断优化其融资环境，加大对金融机构的支持力度。第五，林业部门积极参与林权抵押贷款，并与金融机构合署办公，共同决策，实现林业部门与金融机构的信息完全共享，合署办公过程使金融机构人员熟悉林业生产经营过程；林业部门的工作人员能够掌握一些金融知识，从而避免相互抵触，增强理解。第六，培训一批金融机构和林业部门认可的森林资源评估人员，考虑到目前难以短期内培训一批国家涉及森林资源评估的森林资源评估师的现实，可以以省级为单位，金融机构和林业部门共同培训一批人员从事森林资源评估工作。第七，尽快建立互担互保的林权抵押贷款机制，可以村民小组为单位建此项林权抵押贷款制度。第八，加强林权抵押贷款政策的宣传工作，一方面增强金融部门对林权抵押贷款政策的理解；另一方面使农户等其他林业经营主体能够了解林权抵押贷款政策、流程等。第九，建立鼓励国有银行参与林权抵押贷款的激励机制，如降低银行存款准备金和降低税费等。

2.5　林地林木流转存在的问题及政策建议

产权明晰是林业发展的前提与条件，明晰的产权也为林地林木流转的必要条件。农户的异质性是林地林木流转的充分条件。林地流转核心在于获得林地交易收益，交易收益可以通过实现规模效益等措施来实现。林地流转是扩大林地规模的重要手段之一，截至 2014 年年底，全国累计发生集体林地流转面积 2.28 亿亩，占已确权林地的 8.43%（国家林业局，2015）。根据我们实地调研情况，集体林地流转呈现出如下态势。

2.5.1　林地林木流转存在的问题

第一，各个案例县林地流转面积多寡不一。最高的案例县林地流转面积为 69.52 万亩，最低的案例县仅有 4813.01 亩。林地流转面积大的县市主要是有公司的参与，流转面积比较小的县市公司参与的比重比较小，B 市和 H 县的林地流转完全是农户之间的流转，没有公司的参与。I 县流转到公司的林地面积为 58.67 万亩，占其林地流转面积的 84.39%。

第二，集体林地流转面积存在较大差异。从所有的案例县的情况来看，最大的一宗林地流转面积为7353.80亩，最小的一宗林地流转面积为3亩；平均每宗林地流转面积为1723.37亩。

第三，集体林地流入方集中度高。根据调研数据，在H县、B市、I县、J县、K县和E县，最大规模的集体林地流转方占其林地流转总面积的15.96%、17.61%、1.06%、23.73%、5.71%和6.80%；相应地，最大10个集体林地流入方占其林地流转总面积的66.51%、84.01%、9.89%、79.95%、33.66%和60.34%。

第四，林地流转时间短。林地流转平均年限为26.07年，最短的1年，以村民小组的名义，林地流转的平均年限最长，为32.80年；经营规模在20亩~50亩的农户林地流转期限最短，为21年。I县、B市和E县的平均流转期限分别为32.26年、27.67年和23.41年。

第五，农户之间的流转频率低，林地主要流向公司和林场及大户。农户之间的流转频次占林地流转频次的7.71%，流转林地面积10761.91亩，占流转面积的1.30%。农户之间的流转在同一规模层次：经营面积在20亩以下的、20亩~50亩之间的、50亩~100亩之间的、100亩~1000亩之间，1000亩以上的农户分别向同等规模的农户林地流转次数为10次、6次、4次、13次和1次，不同经营规模之间的农户没有发生林地流转；相应地，平均每次流转林地的面积为7.34亩、34.50亩、84.05亩、210.23亩和2400.70亩。以村民小组和村民委员会流转的林地频次和面积均占主导地位，频次分别为195次和207次；流转的面积分别为30.10万亩和38.44万亩，其中流转到公司的比例分别为80.88%和81.23%，其次是以村民小组和村民委员会的流转到经营面积1000亩以上的大户，所占比重分别为 11.82% 和 15.97% 。以村民小组和村民委员会名义流转到农户随着农户经营规模的增加而增加。集体林场主要将土地流转到公司和经营面积在 1000 亩以上的农户。经营面积在 1000 亩以上的农户和公司之间以及公司与公司之间有双向林地流转，也就是说流入林地的公司和集体林场将再次或多次进行流转。公司将流入的林地再流转到经营面积在 1000 亩以上的农户和公司的面积分别为 1.48 万亩和 2.64 万亩。合作社的林地主要流转到经营面积在 1000 亩以上的农户和公司。

第六，林地流转面积和宗数呈现出倒“U”形。在 2003 年新一轮集体林产权制度改革以前，零星发生少数林地流转，个别林地流转面积偏大；新一轮集体林产权制度改革以后的最初几年林地流转明显增加，2010 年和 2011 年林地流转形成高峰，此后林地流转呈现出明显地下降态势。流入公司的林地面积在 2010 年或 2011 年（不同案例县有所差异）为最高，以 I 县为例，2009 年以前流入公司的林地面积在 6 万亩以下，2009 年超过 10 万亩；2010 年和 2011 年分别超过 12 万亩和 13 万亩，2012 年急剧下降到不足 3 万亩，2014 年进一步下降到 2.43 万亩。从林地流转的总数来看，2003 年以前林地流转总数为个位，2003 年～2009 年期间林地流转宗数虽然缓慢上涨但依然不足 70 宗；2010 年上升到 137 宗，此后出现明显下滑态势；同时平均每宗流转面积在集体林改主体改革完成后的 2009 年～2012 年达到最高。

第七，林地流转价格在区域和时间维度上均波动性高。I 县、B 市和 E 县平均流转价格分别为 6.60 元/年亩、26.66 元/年亩和 52.09 元/年亩，与所流转的林地的资源状况和林种类型以及所在区域市场状况有关。从时间动态的角度来看，林地流转价格呈现明显的波动性，以 E 县为例，林地流转价格最高为 208.03 元/年亩；林地流转价格最低为 12.16 元/年亩；我们还发现林地流转价格与林地流转面积同向变化，林地流转面积越大，则价格越高，这是符合市场原则的。从林地流入主体来看，E 县集体林地流入到林地经营面积 20 亩以下的农户、20 亩～50 亩之间的农户、50 亩～100 亩之间的农户、100 亩～1000 亩之间的农户、1000 亩以上的农户和公司的价格分别为 29.48 元/年亩、28.08 元/年亩、25.98 元/年亩、16.28 元/年亩、27.03 元/年亩和 166.27 元/年亩，结果表明流转到公司的林地价格最高。流入公司的林地面积比较大，因此，林地流转价格也相对比较高。

第八，林地流转以协议为主。并未有吸收相关的中介机构进行评估，即使引入中介机构，也是以中间人的身份，负责沟通协调，而非对所流转的林地进行价值评估，一些公司把所需要流入的林地交给中间人或机构，有这些中间人或机构负责与农户等洽谈与协商，完成林地流转手续收益，公司支付中间人或机构一定数量的中介费。

林地流转以拍卖、转让和租赁的形式为主，其他流转形式比较少。此外，虽然林地流转以商品林为主，但一些生态公益林也纳入林地流转范畴。

新一轮集体林产权制度改革以后，界定和明晰了林地林木产权，林农获得林地使用权以后，根据比较优势原则，向其他经营主体流转林地，尤其是向经营大户、公司和林场流转林地是符合市场在资源配置中发挥决定作用的改革思路的，逐步改变以一家一户小户分散经营的格局，走向适度规模经营，提高林地生产力水平。在城镇化和城市化过程中，农村劳动力逐步从农村向城市（镇）转移，一部分农户必然要放弃林地的经营管理，这是一经济规律。

在集体林地流转过程中尚存在一些迫切需要关注的问题与苗头，需要引起高度重视。

一是以村民委员会或村民小组的名义流转的林地大部分是农户的林地，流入方寻求村民委员会或村民小组的同意，减少流入方的工作量，但是村民委员会或村民小组是否完全体现所有农户的一致同意尚难以甄别，若农户被裹挟或迫于压力而流出林地，则易在未来产生纠纷，不利于流入方的森林资源可持续经营，一些涉及林地流转的群体性事件已经证实了这一点。

二是在向公司、林场或者大户流入林地的过程中，当地政府或隐或现地发挥一些作用，如当地政府以招商引资的名义，低价把大面积集体林地流转到公司等经营主体；或者设置必须把木材等产品低于市场价格卖给公司等经营主体等，这样当地政府不是按照市场原则处理林地流转，造成当地政府行为越位，也会产生一些纠纷和群体事件。

三是把集体林地流转到大户、公司和林场等大型经营主体以后，这些经营主体是否愿意经营以及是否有能力经营，这需要解决问题；部分流入林地的大型经营主体获得林地不进行经营，主要目的在于获得林权抵押贷款，在一些地方因资金链断裂而出现跑路的现象。一些大型经营主体获得林地以后为了投机，尤其是在 2010 年前后，出台房地产限购和矿产等资源国有化经营政策以后，森林资源成为房地产和矿产等资源以后的投机对象，出现了公司等大型经营主体流入林地的高潮。例如 APP 等多家企业涌入 I 县，一旦林地流转不能实现其投机目标，或任其自然，或再度流转，在一些地方已经出现了林地多次流转的现象。正如上文所述，公司和林场以及大户之间出现了相互流转的现象。与此同时，大型经营主体缺乏经营林业的能力、人才匮乏，即使这些大型经营主体愿意经营林业，也难以把流转的林地经营管理好。嘉汉集团等一些大型经营主体破产就证实了这一点，公司破产以后林地经营管理成为难点。

四是农户不愿意流转其获得林地。农户不进行流转林地的原因包括流转价格不高、“祖产”、流转不出去，“不知道林地流转政策”等。这些原因造成农户流转意愿不高，也是地方政府参与林地流转的主要原因，在林地流转过程中，地方政府起到鼓动或者说煽动作用。若追究农户不流转的深层次在于农户缺乏社会保障的安全感，林地成为他们规避风险的最后一根稻草。

五是协商式流转导致信息不对称，农户可能处于不利地位。集体林产权制度改革以后，农户获得了林地使用权，但不熟悉林地流转市场，尤其是地理位置偏僻的山区；同时，农民不了解林地流转市场程序与规则。因此，需要规范的第三方的科学与客观评估体系，而非简单的中间人角色。

六是集体林地流转归于集中，可能会产生买方垄断的问题。买方垄断则会产生对林地流转价格的垄断。根据我们的调查，流入公司的林地价格基本属于该地区林地流转的天花板价格。

2.5.2 针对林地林木流转的政策建议

为了促进集体林权制度改革以后的林地规范流转，提高林地经营效率，增强林地流转市场的公平性，实现林业可持续发展。我们特提出如下政策建议。

第一，林地流转要鼓励向从事林业生产的大户和企业流转，限制向没有经营能力的大户和公司流转，遏制向以投机为目的的林业经营主体流转，林业主管部门要跟踪对流入林地的林业生产经营主体的监督与管理；对于缺乏能力经营流入林地的经营主体，给予技术与政策咨询，逐步建立适合其自身特点的经营能力。

第二，减少地方政府在林地流转中的干预，让市场机制发挥主导作用。地方政府不得借用招商引资等名目低价或变相低价把农户的林地流入公司、林场、大户等，也不得出台针对不流转林地的农户歧视性政策，增强林地流转市场的公平性。地方政府主要职责是林地流转的流入与流出方创造良好的交易平台，公平交易，自由交易，减少因地方政府干预而产生潜在冲突，尤其是群体性时间。同时，地方政府应当对于欺行霸市的行为给予坚决的打击，净化林地流转市场。

第三，扩散林地交易信息，遏制林地流转的买方垄断。通过“互联网+”等多种形式，把林地流转的信息扩散出去，引入更多的林地流转流入方参与林地流转活动，采取公开竞标的形式，提高林地流转市场透明性，减少林地流转市场的串谋行为。

第四，建立高素质的林地第三方评估机制。第三方参与林地流转前期评估，确定林地流转的基础价格，为林地流转市场公平和合理提供良好的基础与前提；同时，对第三方评估机构要实施监督，对肆意妄为的机构要予以取消或者终止业务。

第五，要直接与农户签订林地流转协议。鉴于以村民委员会或村民小组名义流转的林地较多，既然这些流转的林地是农户的，就让农户直接参与林地流转，村民委员会或村民小组可以发挥指导或引导作用，而非越俎代刨，减少中间环节可能产生的纠纷。

第六，强化农户机能培训，增强其劳动力转移能力，这样就可能提高他们的林地流转意向；同时强化政策与市场咨询能力建设，让农户了解林地流转政策，增强市场博弈能力。

第3章

农村林业投融资政策：回顾与实施

——基于福建、浙江、辽宁三省的调研分析

我国政府高度重视农村林业投资融改革，出台了系列政策文件，并积极落实。2008 年，中共中央、国务院颁布的《关于全面推进集体林权制度改革的意见》提出：要推进林业投融资改革，创新林业金融信贷产品。2017 年，中共中央、国务院颁布实施了《关于深化投融资体制改革的意见》，对深化投融资体制改革做出部署，为投融资领域的供给侧结构性改革推进指明了方向。这是改革开放以来，首个以中共中央名义颁布的投融资改革文件。2018 年，中共中央、国务院颁布的《关于实施乡村振兴战略的意见》再次强调："要开拓投融资渠道，健全乡村振兴投入保障制度，创新投融资机制，加快形成财政优先保障、金融重点倾斜、社会积极参与的多元投入格局"，这标志着国家在未来一段时期内要积极推进投资主体多元化、融资渠道多样化和项目建设市场化新格局的形成。

针对农村林业投入资金不足、农户融资难和融资成本高等突出的现实问题，选取福建省永安市、浙江省龙泉市和辽宁省本溪县开展了《农村林业投融资体制》专题调研，分析我国农村林业投融资历史演化过程和现状，了解农户对投融资需求和政策意愿，探究目前农村林业投融资体制存在的制约因素及其原因，并提出相关政策建议。

3.1 我国农村林业投融资政策回顾

林业投融资激励与林业产权制度改革存在密切关联，安全和完整的产权能够带来稳定的投资收益，而不安全和不完整的林地权属安排和不同的林地权属形式会影响生产者的剩余索取权和剩余控制权，并且会带来较高的交易成本（蒋海、张道卫，2001），进而影响林业经营主体对森林资源的可持续经营管理。根据我国集体林产权制度演化过程，本部分从投融资主体、投融资模式等方面梳理回顾了农村林业投融资政策的动态变化。

3.1.1 农村林业投资政策变化

第一，林业“三定”时期的农村林业投资（1981~1987年）。1981年3月8日，中共中央、国务院颁布的《关于保护森林发展林业若干问题的决定》提出：林区社队集体生产的规格材，国家统购70%~90%，具体比例由各省、市、自治区确定。林区的非规格材和社员的木材，国家不实行统购，木材自由交易市场相继出现。在集体林产权制度改革方面，实行了林业“三定”。1986年，全国69%的林地以自留山和责任山的形式实现了山林到户经营（李周、许勤，2009）。在林业“三定”初期，出现了较为严重的乱砍滥伐问题，鉴于此，1985 年政府部门关闭木材自由市场，并重新实行木材收购市场垄断政策。1987 年中共中央、国务院颁布了《关于加强南方集体林区森林资源管理坚决制止乱砍滥伐的指示》，要求停止分林到户，鼓励发展集体经济，部分已被分配下去的山林重新收归为集体经营（刘璨等，2015）。这一阶段农户林业投入明显不足，陈根长（1985）对湖南省怀化地区的五县百村 1.75 万个农户开展了调查，发现“林业三定”期间未造林农户占样本总量的 49.19%。其主要原因分为三类：一是林业经济收益不高、投资风险大；二是资金、种苗、劳动力等生产要素紧缺；三是林业政策不稳定（朱文清，2012）。与此同时，拟建立的林业发展基金没有建立起来；林地权属不清晰且责任山的承包期较短，难以形成稳定的林业投资预期。

第二，两次集体林权制度改革期间的农村林业投资（1988～2002 年）。1987 年以来，国家收回以自留山和责任山形式分配到农户的山林，鼓励发展具有适度规模的集体经济或大户承包经营，但林地权属形式的变迁并未使农户的林业生产规模大幅增长。20 世纪 90 年代至 21 世纪初，扣除人口增长因素，我国农民林地经营面积呈持续下降趋势，1999 年人均林地面积为 0.0313 公顷/人，2004 年人均林地面积下降至 0.0133 公顷/人（刘璨，2009）。

1994 年林业部出台的《宜林“四荒”地拍卖十条原则》提出：农户、个体商户、企业法人、企事业机关等单位可采用竞标、招标、协商形式购买“四荒地”的使用权。山西、河北、辽宁、吉林、浙江等 16 省份累计拍卖“四荒地”面积80万公顷（崔建远，1995）。

农户、个体商户等投资主体对政策的响应度较低（李周，2006），主要原因在于：一是林权制度不稳定，未来收入预期不清，权责利关系模糊，无法形成投资动力；二是木材税费过高，投资回报被压缩。1985年～1990年林业税费项目由2种增加到11种，贵州省和江西省税费金额分别占木材销售价格的50%和78.03%，销售利润较低（刘璨、于法稳，2007；黄能超、王小悟，1990）。

第三，新一轮集体林权制度改革时期（2003年至今）。深化集体林产权制度改革，明晰产权。2003年中共中央、国务院颁布的《关于加快林业发展的决定》提出，要开展林业产权制度改革，确定林地权属，保护农户财产权。随后，福建、江西、辽宁、浙江等14个省份开展了集体林权制度改革。2008年6月，中共中央、国务院颁布的《关于全面推进集体林权制度改革的意见》标志着集体林权制度改革全面开展，农户承包经营林地的收益权得以确立，这一改革大大促进了农民营林积极性，劳动力、种苗、化肥、农药等生产要素投入均大幅提高。国家林业局经济发展研究中心对浙江、福建等9个省份的调研发现，样本农户2011年劳动投入比2003年增长了77.55%，种苗、化肥和农药分别比2007年提高了72.21%、42.7%和87.46%（刘璨等，2015）。为了继续深化新一轮集体林权制度改革，2016年国务院办公厅颁布了《关于完善集体林权制度的意见》鼓励集体林的所有权、承包权和经营权“三权”分置。截至2016年年底，全国约有98.97%的集体林地完成确权，涉及林地面积1.8亿公顷，集体林地流转面积0.19亿公顷（国家林业局，2017）。

大力推进社会资本投资林业。新一轮集体林权制度全面改革以来，为了放活投资机制，鼓励社会资本投资林业领域，有效缓解林业建设资金长期不足的问题，加快林业现代化建设，国家实施了一系列的改革措施。

一是积极建立多元化投入机制。2012 年国务院办公厅颁布的《关于加快林下经济发展的意见》和 2016 年中共中央、国务院颁布的《关于完善集体林权制度的意见》提出：要鼓励工商资本、龙头企业与农户开展联合经营，建立林地集体所有、家庭承包和多元经营的新格局。由此，各地出现了”股份制合作社”“合作社 + 企业 + 农户”“企业 + 农户”以及“联户经营”等多种合作经营模式（韩锋等，2014）。

二是吸引社会资本参与生态建设。2014 年国务院颁布的《关于创新重点领域投融资机制鼓励社会投资的指导意见》提出：支持符合条件的农民合作社、家庭农场（林场）、专业大户、林业企业等新型经营主体，投资生态建设项目；2016 年国家发展改革委员会与国家林业局联合颁布的《关于运用政府和社会资本合作模式推进林业建设的指导意见》、国家林业局与中国农业发展银行联合颁布的《关于充分发挥农业政策性金融作用支持林业发展的意见》和《关于进一步利用开发性和政策性金融推进林业生态建设的通知》提出，要通过提供贷款贴息、长期低成本贷款、税收减免等优惠政策，促进社会资本采用 PPP 模式参与林业生态建设工程及林区基础设施建设。2017 年，国家发展与改革委员会和国家林业局联合公布了 12 个首批林业领域 PPP 试点项目。

三是建立了林业财政补贴制度。2008 年中共中央、国务院颁布的《关于全面推进集体林权制度改革的意见》提出，对造林、抚育、管理、保护等林业投入给予财政补贴。2009 年，全国 11 个省区开展试点工作，对优质苗木造林、中幼林和低产林抚育等进行重点补贴（国家林业局，2009）；2010 年新增浙江、广西等 15 个林业财政补贴试点，发放中央财政补贴资金 3.15 亿元，其中直接补助 2.85 亿元、间接补助 0.30 亿元，涉及造林面积 21.99 万公顷、宜林荒山荒地造林面积 19.30 万公顷、迹地人工更新面积 2.69 万公顷（国家林业局，2010）；2014 年《中央财政林业补助资金管理办法的通知》规定了林木良种培育、造林和森林抚育补贴等方面补助资金的补贴对象、补贴标准；2016 年财政部、国家林业局印发《林业改革发展资金管理办法》，制定了更详细的补贴类别、补助对象、补助范围、补助比例和资金分配方法等；同年，中央财政下达造林补贴 29.6 亿元、森林抚育补贴 59.26 亿元和森林生态效益补偿金 116.11 亿元（国家林业局，2017）。

3.1.2 林业融资政策变化

第一，林业贴息贷款政策。20 世纪初 80 ~ 90 年代中期以林业项目贷款贴息为主。1986 年，我国实行林业贴息贷款政策，中国农业银行、林业部和财政部联合颁布《关于发放林业项目贷款的联合通知》，中央和地方财政对速生丰产林、经济林、中幼林抚育和林业多种经营给予贴息，由中国农业银行负责组织发放；1990 年林业部颁布的《关于当前产业政策要点的决定》，新增用材林、名特优经济林等基地建设；1994 年财政部、林业部联合颁布的《关于加强林业项目贴息贷款和治沙贴息贷款管理的联合通知》和 1995 年林业部、财政部、中国农业银行联合颁布的《关于调整林业项目贷款利息承担额的通知》，把国有林企、集体林场等的林业项目贷款和治沙贴息贷款纳入到贴息范围，实行政策性贷款管理。截至 1996 年，国家财政林业项目贴息贷款共计 65.7 亿元（刘文萍，1998）。

20 世纪 90 年代末林业贷款开始向山区综合开发倾斜。1996 年，中国人民银行设立山区综合开发贷款专项，安排 3 亿元贷款，实施 24 个示范县的 92 个发展项目，其中经济林项目为 35 个，涉及贷款总额共计 7490 万元，占山区综合开发贷款总额的 25%（国家林业局，1995）；1997 年，林业部、财政部、中国人民银行以及中国农业发展银行联合颁布了《关于加强山区综合开发贴息贷款管理工作的联合通知》，将贴息范围扩大为山区综合开发示范县（市），采用定期贴息、定比例贴息。截至 2000 年，中央财政实际落实山区综合开发专项贴息贷款 24.90 亿元，占计划安排资金的 62.25%（宋丽萍、刘国成，2005）。2001 年，中国人民银行取消了林业项目和山区综合开发专项贴息贷款。

21 世纪林业贴息贷款扶持范围扩大，力度加强。2005 年，财政部、国家林业局联合颁布了《林业贷款中央财政贴息资金管理规定》，首次允许各类银行（含农村信用社）组织发放林业贷款，将农户、林场等多种经营贷款项目纳入贴息范围；2007 年国家林业局颁布的《林业产业政策要点》和 2008 年颁布的《林业贷款财政贴息资金申报程序及管理规定》把贴息对象增加为各类经济实体开展的林产品加工项目及林业资源开发，扶持范围的扩大使林业贴息贷款规模大幅增长，2008 年贴息额较上一年增加了 25 亿元，增长率为 45%（国家林业局，2009）。

2009 年财政部、国家林业局联合颁布的《林业贷款中央财政贴息资金管理办法》和2014年联合颁布的《中央财政林业补助资金管理办法》将小额贷款公司林业贷款等纳入贴息范围；2016年两部门再次联合颁布了《林业改革发展资金管理办法》，首次将各类经济实体营造的生态林（含储备林）纳入贴息范围，同时取消了对林业龙头企业的形式限制，降低了贴息申请门槛，以达到引入社会资本参与林业生态建设的目的；同时取消了对贴息年限的限制，贴息方式改为一年一贴、据实贴息。

林业贴息贷款政策推动了农村林业的产业发展，2012～2016年，林业贴息贷款已扶持林产品加工项目1961个，带动林农增收约120亿元，新增小额贴息贷款约131亿元（中国绿色时报，2017）。

第二，林权抵押贷款。1995年《中华人民共和国担保法》首次提出：抵押人可以将承包的荒山、荒沟、荒丘、荒滩等荒地的土地使用权作为抵押品，用于信用贷款。2003年中共中央、国务院颁布《关于加快林业发展的决定》提出，林业经营者可依法以林木抵押申请银行贷款。同年福建省开展了国内第一个林木反担保贷款，允许林木所有权、经营权和林地使用权有序流转，即农户将林木抵押给乡村营林贷款促进会，促进会给予银行担保，从而获得信用贷款。

2004年，国家林业局印发的《森林资源资产抵押登记办法（试行）》规定：商品林中的森林、林木和林地使用权可用于抵押。2007年《中华人民共和国物权法》颁布实施，林权证作为抵押物获得了国家法律的认可与保护。2008年中共中央、国务院颁布《关于全面推进集体林权制度改革的意见》，进一步将林权抵押担保范围扩大为林地经营权和林木所有权。截至2008年，林权抵押贷款试点浙江、江西、辽宁3省林权抵押贷款累计总额分别达到 3 亿元、38.3 亿元和 5.17 亿元（国家林业局，2008）。

2013 年中国银监会、国家林业局《关于林权抵押贷款的实施意见》把用材林、经济林、薪炭林的林木所有权和使用权纳入林权抵押范围；2016 年中共中央、国务院联合颁布的《关于深化投融资体制改革的意见》提出：要探索开展林业经营收益权和公益林补偿收益权质押担保贷款业务，林权抵押范围再次扩大。2016 年全国林权抵押贷款余额为 1300 多亿元，较 2010 年增长了 1000 多亿元（国家林业局，2017）。

第三，融资模式的多元化发展。2009 年中国人民银行、财政部、银监会、保监会和国家林业局联合颁布的《关于做好集体林权制度改革和林业发展金融服务工作的指导意见》、2014 年国务院颁布的《关于金融服务“三农”发展的若干意见》、2015 年中共中央、国务院颁布的《关于加快推进生态文明建设的意见》和 2016 年国家发展改革委、国家林业局联合颁布的《关于运用政府和社会资本合作模式推进林业建设的指导意见》等相继提出：要开展符合林业产业发展的多元化金融服务，鼓励投资基金、社保基金、保险基金等各类经济组织投资林业；鼓励林农开展“林业专业合作组织 + 担保机构”、林权质押贷款、农民小额信用贷款和农民联保贷款等业务模式；允许林业企业采用债券、非金融企业债务融资工具等形式直接融资，支持采用信托融资、项目融资、融资租赁和绿色金融债券等多种融资形式；2017 年中国银监会、国家林业局和国土资源部联合出台了《关于推进林权抵押贷款有关工作的通知》，将福建省“福林贷”模式、浙江省小额贷款管理模式、林权收储等典型案例写入文件，供各地学习借鉴。

3.2　调研区域农村林业投融资政策实施情况

选取福建省、浙江省和辽宁省实地调研了我国农村林业投融资政策的实施现状。本部分主要包括：重点生态区位商品林赎买、国家储备林 PPP 项目、公益林分类补偿政策等生态林业建设投融资的创新机制；林权抵押、林业信贷反担保等缓解林业融资约束的投融资模式。

3.2.1　重点生态区位商品林赎买

重点生态区位商品林是指未被界定为生态公益林，但被列入重点生态区位，采伐受到限制的林地。农户经营的商品林已到了采伐期，却因林地被划分为重点生态区位，而无法采伐，生态保护与经济利益之间的矛盾凸显，开展重点生态区位商品林赎买能够实现生态效益与经济效益双赢。

福建省约有 65.13 万公顷商品林被列入为重点生态区位。从 2016 年开始，以县级区域为改革实施单位，采用赎买、租赁、置换和改造提升等改革方式，在永安市、沙县、永泰县和柘荣县等 16 个县（市、区），推进重点生态区位商品林赎买试点改革。截至 2017 年年底，全省累计完成重点区位商品林赎买、租赁等改革试点任务 104.87 万公顷有效化解了生态保护与林农经济利益的矛盾。重点生态区位商品林赎买有 3 个特点。

一是多渠道筹集赎买资金。赎买资金主要来源于 3 个部分：（1）省、市、县财政预算。2017 年省级财政拨付补助资金累计 1.44 亿元，各试点地区自筹财政资金 3.60 亿元。（2）社会捐赠。2017 年永安市赎买资金为 1593.46 万元，其中 32.76% 来自于生态文明建设志愿者协会，赎买林地 671.3 公顷。（3）银行贷款。顺昌县获得贷款周期 30 年、宽限期 8 年的中国农业发展银行南平市分行的 3 亿元贷款用于开展重点生态区位商品林赎买试点。

二是规范经营管理。重点生态区位商品林赎买后，除林地所有权仍属集体外，林地经营权、林木所有权等权属收归国有，由县级国有林场或其他国有林业经营单位统一实施精准提升工程，改善生态功能和景观功能；也有一部分赎买后的林地被纳入到国家储备林的建设中，如南平市现有林“赎买 + 改培”面积为 5.38 万公顷，其中重点生态区位内面积为 4.625 万公顷。

三是采取多样化的赎买改革模式：根据实际情况、自身优势，各试点县（市）形成了各具特色的赎买改革模式，主要模式如表 3 – 1 所示。

表 3 – 1　　主要改革模式

主要县市	改革模式	主要做法
永安市	成立非营利性的“生态文明建设志愿者协会”	协会负责筹集管理赎买基金，向社会宣传赎买方案并定期公示赎买信息和资金使用情况，协调评估机构进行赎买评估，协调林权所有者签订赎买合同等

续表

主要县市	改革模式	主要做法
沙县	根据生态区位，分类改革	沙县对水源地周边林分以及天然商品林，采取直接赎买和定向收储，水源地占重点生态区面积的 20%；其余占重点生态区面积的 80% 的人工商品林，则采取“我补贴，你来改”的办法，即林权所有者可按商品林政策，采伐原有生态效益低下的针叶纯林，采伐收入归林权所有者；同时林业部门给予一定补贴，采伐完成后按照林业部门的要求进行补植改造，其中 50% 必须为阔叶树，补植完成后签订界定书，逐步调整为生态公益林
永泰县	成立永泰县国有林业开发有限公司，搭建永泰县林业交易中心	林业开发公司负责重点生态区位商品林赎买和赎买后林木、林地管理和开发利用；林业交易中心承担赎买交易行为、森林资源流转等职能
柘荣县	筹建国家森林公园	借助丰富的森林资源和重点生态区位商品林面积大的优势，将赎买后的林地筹建成国家级森林公园，既可推动森林生态和乡村休闲旅游产业的发展，又有助于赎买试点区域林农的增收致富

注：根据福建省文件资料整理而成。

3.2.2 国家储备林 PPP 项目

国家储备林 PPP 项目的建设思路：政府作为国家储备林建设项目的发起人，引入竞争机制，通过招标寻找到林业项目投资者，投资者负责融资、设计、建造和运营，项目结束后移交给政府部门或其所属的公营机构（秦涛、潘焕学，2010）。目前，福建省南平市、永安市、顺昌县、宁化县和延平区等 5 个项目单位采用 PPP 模式，累计申请利用国家开发银行与中国农业发展银行贷款 454.3 亿元；南平市国家储备林的质量精准提升工程项目，采用 BOT 模式，由社会资本与南平绿发集团有限公司组建的项目公司进行投融资、建设、运营、维护和最后的移交活动，拟申请国家开发银行贷款 170 亿元完成整个工程项目，其运行流程如图 3－1 所示。

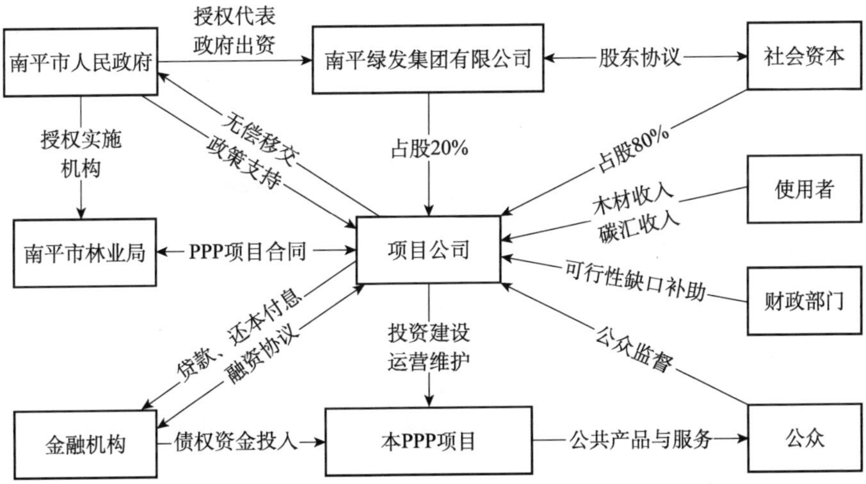

图 3－1　南平市 PPP 项目交易结构图

资料来源：福建省林业厅。

3.2.3　公益林分类补偿机制

根据林地生态区位的重要程度，依据“优质优价”补偿原则，浙江省将公益林认定为一类和二类两个类型，对一类公益林实行较高的补偿标准或国家租赁；对二类公益林实行基本补偿标准。2007 年起，在临安市和开化县，开展分类补偿机制试点工作；2010 年，浙江省对省级以上属于森林类型自然保护区的集体公益林，实施了国家租赁管理；租赁标准不断提高，由 2007 年租赁标准为 498 元/公顷·年提高到 2015 的 573 元/公顷·年。目前省级以上公益林约占全省林分面积的 50%，其中约有 84.6% 的公益林达到了优质林的标准。

3.2.4 林权抵押信贷政策

第一，福建省永安市的“福林贷”模式。2017 年 6 月，福建省永安市全面推广“福林贷”模式。“福林贷”金融产品专门服务于信用良好、拥有小额林业资产的农户，由林业专业合作社担保，最高贷款额度为 20 万元，年贷款利率为 7.08%，贷款年限为 1～3 年，采取按月付息的方式。该模式在 191 个村开展实施，成立了 198 个林业专业合作社，累计发放林权抵押贷款 14426.45 万元，贷款农户数 1696 个。具体模式运行如下：

成立林业专业合作社，设立风险防范担保基金。经永安市农信社授信的林农按 2000～20000 元入资为担保基金，当到期结清贷款后，可自愿退出林业合作社，并收回入资担保基金。

信用贷款办理流程。经信用评级建档后，农户以林权作为反担保抵押物，由林业专业合作社负责信用贷款担保，向银行申请信用贷款。申请过程中，贷款方需向银行缴纳人身意外险（每年按贷款本金的 1.5% 收取），向林业专业合作社一次性缴纳不超过贷款金额 1% 的手续费。

风险防控流程。对于没有按期还贷的农户，农信社将抵扣相应的林业专业合作社担保基金，偿还贷款，合作社将转让处置不良信用农户的林权，当不良贷款率超过 15% 时，农户将无法获得银行信用贷款。

第二，浙江省公益林补偿收益权质押。为了解决公益林无法作为信贷抵押物的限制这一问题，浙江省开展了公益林补偿收益权质押贷款，即：

以公益林补偿收益权作为质押，贷款额度不超过年度生态公益补偿金收入的 15 倍，贷款利率为基准利率的 20%，贷款年限不超过 5 年。若出现到期无法还贷的情况，贷款人则要以质押权处置所得价款用于抵偿债务。2015 年，丽水市云和县村镇银行与大牛村质押基金委员会代表签订合作协议，率先开展了村级公益林补偿金的质押借贷模式，林农可以凭借颁发的《公益林收益权证》直接向金融机构贷款。云和县的主要贷款流程为：村民向所在村集体提出公益林补偿金质押担保贷款申请，由基金审批小组初审，担保公司复审，金融机构审批后发放贷款。截至 2017 年 5 月，云和县梓坊村累计获得贷款 86 笔、金额 1116 万元。随后，龙泉市、乐清市、磐安县等县（市）开展了公益林补偿收益权质押贷款试点工作。

第三，辽宁省专项林业信贷政策。2015 年，国家集体林综合改革试验示范区——本溪县成立了东北林权交易中心，与农业银行、邮政储蓄银行、农信联社、农业发展银行等多家金融机构开展合作，利用林权交易平台，将需要拍卖的林权挂牌出让。截至 2017 年年底，东北林权交易中心共办理林权流转业务 478 笔、转让金额 1.65 亿元，协助金融部门发放贷款 138 笔、贷款额 4.69 亿元。2018 年，辽宁省林业厅与邮政储蓄银行辽宁省分行合作，开发了服务于农户、用于造林和林下经济的林业专项贷款。根据林龄不同，制定 30% ~60% 不同的林地抵押贷款利率。首批贷款计 3 笔，发放贷款金额 97 万元（新华网，2018）。

3.2.5　林业信贷反担保模式

第一，福建省永安市林权收储机构反担保模式。为了解决贷款出险后处置难的问题，进一步扩大抵押范围，永安市设立了林权收储担保机构，其主要职责：一是收储借款申请人的林权证，并评估林木资产；二是为借款人提供金融机构担保，并承担连带责任；三是当借款人出现信任违约时，代偿债务，同时依据合同变现抵押的林木资产。2010～2013 年永安市佳洁林业收储（中心）有限责任公司和福建汇松林业收储有限公司两家收储担保机构成立。其中，永安市佳洁林业收储（中心）有限责任公司成立以来，已在清流县和宁化县收储了 800 公顷的林地；福建汇松林业收储有限公司与中国农业银行、中国邮政储蓄银行签订了合作协议，成功处置了 3 笔林权抵押贷款，林地面积为 260 公顷，偿还贷款本息达 350 万元。

第二，浙江省龙泉市担保合作社反担保模式。担保合作社反担保模式是指农户将林权证抵押给担保合作社，担保合作社对林地资产评估，并开具担保证明，农户以此证明获得银行机构信用贷款。目前，龙泉市共成立了村级惠农担保合作社 14 个，累计为村民担保贷款 1072 笔，贷款总额累计 1.03 亿元；上垟镇花桥村担保合作担保贷款总额为 3087 万元，涉及贷款农户 254 户。

3.3 调研区域样本农户及其投融资情况

在福建省永安市、浙江省龙泉市和辽宁省本溪县分别选择 3 个乡镇，每个乡镇选取 3～4 个行政村，每个村抽取 6～10 个农户，合计 32 个村，发放农户调研问卷 315 份，收回有效问卷 307 份，有效回收率为 97.46%（表 3－2）。

表 3－2　调研区域样本农户情况

省份	市	市（县）	乡（镇）	行政村（个）	农户（个）
福建省	三明市	永安市	曹远	3	34
			洪田	4	35
			大湖	4	35
浙江省	丽水市	龙泉市	住龙	4	34
			八都	3	34
			会	3	21
			上垟	1	12
辽宁省	本溪市	本溪县	东营坊	4	34
			碱厂	3	34
			南甸	3	42
—	合计	—	—	32	315

注：①因大雪天气，浙江省章府会镇农户调研遇到困难，样本量受到影响，临时增加了调研地点上垟镇花桥村；②南甸镇南阳村和小峪村林地类型为公益林，人均林地面积分别为 0.22 公顷和 0.13 公顷，林权证多为联户，考虑到样本有效性，增加 8 个受访农户。

3.3.1 样本农户的基本特征

样本农户的基本特征如表3－3所示。在307个有效样本中，男性所占的比例在86.41%以上。调研区域年轻人外出打工比例较高，样本农户的平均年龄为54.5岁。农村家庭居住条件不仅反映了住户的固定资产和收入状况，同时也是银行授信客户的重要依据（李雅宁、何广文，2011）。选取住户的住房数量和户均住房面积作为衡量家庭资产的基本指标，永安市、龙泉市样本农户的居住条件明显优于本溪县。从区域划分看，样本农户拥有的户均商品林面积为2.884公顷，公益林面积为1.183公顷；龙泉市户均营林面积达到5.788公顷，显著高于永安市和本溪县。

2015年～2017年的3年间，3市县样本户中70.03%的样本农户参与营林生产。不同调研区域，46.6%～65.69%的农户均存在农林牧兼业行为，农户的收入来源呈多元化。根据国家统计年鉴收入5等份分组法，将样本户家庭可支配收入由高到低平均分成5份，反映3市县样本农户的收入分布均存在不均等现象，永安市农户家庭年均可支配收入差距最为明显，最高组是最低组的12.39倍，如表3－3所示。

表3－3　　样本农户基本特征

特征	永安市	龙泉市	本溪县
性别			
男性（人；比例%）	92（89.32）	95（94.06）	89（86.41）
女性（人；比例%）	11（10.68）	6（6.94）	14（13.59）
平均年龄（年）	53.9	55.2	54.4
住房条件			
住房数量（套）	1.32	1.33	1.17

续表

特征	永安市	龙泉市	本溪县
拥有两套及两套以上住房（%）	32.04	42.57	9.71
户均住房面积（m^2）	227.76	254.06	105.07
林地面积			
户均营林面积（亩/户）	42.21	86.82	54.78
其中：商品林（亩/户）	41.33	52.28	36.46
公益林（亩/户）	0.88	34.54	18.32
生产行为			
农业（%）	10.78	6.93	30.10
农林牧兼业（%）	65.69	64.36	46.60
非农业（%）	23.53	28.71	23.30
收入结构			
最高组（万元）	17.34	29.13	13.45
次高组（万元）	6.99	11.83	8.25
中等组（万元）	4.47	7.98	5.08
次低组（万元）	2.91	5.20	3.29
最低组（万元）	1.40	2.87	1.86
最高/最低（倍）	12.39	10.15	7.24

被调研样本农户 2016 年～2017 年户均收入来源主要是林业、种植业、畜牧业、自营工商和工资性收入 5 个方面，其中，永安市、龙安市、本溪县户均可支配收入分别为 6.61 万元、11.3 万元和 6.06 万元；户林业收入分别占总收入的比重为 25.60%、11.61% 和 7.87%。再从 5 个不同收入层次农户的林业收入在总收入中占比来看表现出一定差异，永安市、龙泉市、本溪县最低组收入群体的林业收入依赖度分别为 20.29%、7.38% 和 19.43%；而最高组则分别为 24.43%、14.61% 和 11.09%。在实际调研中发现，最低组农户较其他 4 组农户更愿意通过林地经营，获得林业收入与森林抚育补贴；最高组的农户家庭拥有较为稳定的自主经营收入来源，承担投资风险的能力较强，相对于其他收入群体，更倾向于对林业进行长期投资，并持续受益（图 3－2）。

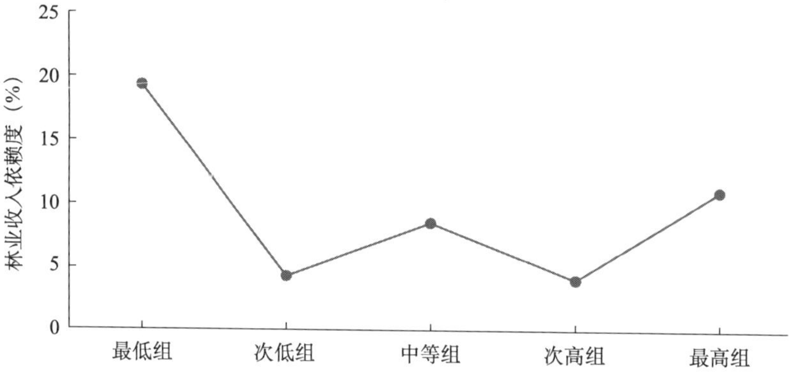

图 3－2　不同收入分组的林业收入依赖度

3.3.2　样本农户的林业投资行为与林业经营意愿

第一，样本农户的林业投资行为。

林业生产资金支出结构。样本农户的林业生产资金支出包括种苗、化肥、农药、运输和雇工等。其中，雇工费是 3 个调研区域样本农户林业生产资金的主要组成部分。龙泉市、本溪县雇工费占农户林业生产资金的比例高达 62.38% 和 74.05% 。雇工费比重偏高主要受非农生产的影响：一部分家庭因青年人进城务工而缺少劳动力，需要雇工；另一部分家庭从事商业活动而兼业林业经营，在劳动力投入上以雇工为主（表 3－4）。

表 3－4　　林业生产资金支出结构

	种苗（%）	化肥（%）	农药（%）	运输（%）	雇工（%）	其他（%）
永安市	0.53	29.96	5.02	13.97	45.82	4.71
龙泉市	0.09	14.11	0.45	20.07	62.38	2.90
本溪县	14.64	3.48	2.32	5.49	74.05	0.02

林业生产资金来源。由表 3－5 可知，样本农户的林业生产资金来源以自有资金为主，较少通过亲友互借或金融机构的方式开展融资。2017 年永安市实施了“福林贷”政策，相对较低的银行贷款利率以及简易的手续流程，使得通过金融机构贷款方式获得林业生产资金的农户数量由 5 户增加到 17 户，拓展了林业生产融资渠道。

表 3－5　林业生产资金来源

年份	自有资金	亲友互借	金融机构
2016 年	87.20	8.80	4.00
2017 年	83.56	5.26	11.18

第二，农户的林业经营意愿。

样本农户追加林业投资的积极性不高。3 个调研区域 60.36% 的样本农户表示未来不愿意加大林业投资。其主要原因：林业投资需求数量较大，投资收益周期较长；除此之外，也与交通不畅、劳动力短缺、销售困难等因素存在密切关系。

农户土地流转意愿不强，林地规模经营受制约。在调研问卷中回答“自家林地有流转”的农户比例仅为 9.4%。其主要原因：33.09% 的农户认为自己经营林地收益更高，而不愿意流出林地；16.55% 的农户认为，林地是祖传下来的家庭资产，未来要留给子孙，不能流转给他人；12.95% 的农户因林权证为联户，林地流转需要其他农户签字，手续复杂而无法流转。

3.3.3　样本农户融资需求与融资行为

第一，样本农户信贷行为规模与结构特征。从 3 个市县样本农户来看，获得信贷的农户有83户，占样本总量的27.03%，其中获得林权抵押贷款的农户比例为10.10%，获得循环贷款的农户比例为10.42%。龙泉市具有信贷额度高、信贷利率低的优势，获得贷款的农户数量较多，特别是能够获得循环贷款的农户数量是其余两个区域的2倍（表3－6）。

表3－6　　　　农户信贷行为规模与结构特征

项目	永安市	龙泉市	本溪县
贷款农户数（户）	37	38	8
林权抵押贷款户数（户）	18	13	1
循环贷款户数（户）	10	22	0
平均贷款额度（万元）	6.08	14.34	3.01
最高贷款额度（万元）	20	80	12
最低贷款额度（万元）	2	2	0.5
平均贷款年限（年）	2.32	1.58	1.60
最长贷款期限（年）	5	6	4
最短贷款年限（年）	1	1	1
平均年利率（%）	9.26	8.21	10.30
最高年利率（%）	12	12	10.8
最低年利率（%）	7.0	3.5	9.7
抵押担保数量（笔）	22	12	2

从贷款用途来看，信贷融资对林业投资的贡献度较低。农户的信贷资金主要用于生产性消费与生活性消费两个方面。在83个贷款农户中，仅有25户将信贷资金用于林业，70%的农户将信贷资金用于自营工商和生活消费，林权抵押贷款等信贷资金对于林业生产促进作用不明显。

第二，农户的融资偏好分析。在融资偏好选择上，永安市、龙泉市与本溪县偏好差异较大。不同省份的相关投融资政策对农户融资偏好选择有着直接影响。当样本户被问及“如果急需用钱，你会先选择向谁借款?”，永安市和龙泉市样本农户多数选择农商银行，分别占比 73.00% 和 67.61% ；而本溪县 86.3% 的样本农户在具有资金需求时，首先求助于亲友。与本溪县相比，永安市、龙泉市农村信贷金融产品更为丰富，贷款利率相对较低，还款方式灵活，农户为避免拖欠人情，首选金融机构解决资金困难；本溪县农户则更注重亲情关系和地缘关系，同时因担心信贷利息太高无法偿还而率先求助于亲友。

最不愿选择的融资渠道为高利贷和网络平台。当被问及“最不愿选择的融资渠道是什么?”，多数农户的回答为高利贷，同时也有样本农户选择了网络平台，永安市、龙泉市、本溪县的农户比例分别为 41.54% 、53.33% 、54.08% ，其主要原因是安全隐患、利息成本高，网络平台对缓解农户的融资约束作用不明显。

第三，农户的信贷融资需求与融资约束。本溪县农户信贷需求抑制度高于永安市和龙泉市。2014 ~ 2017 年 3 个区域共有 247 个农户有信贷需求，其中 160 个样本农户具有名义需求（有贷款打算但没申请贷款），87 户样本农户具有有效需求（有贷款打算并申请过贷款）；申请到贷款的农户为 83 户，占总需求量的 33.6% 。本溪县融资约束显著高于永安、龙泉两市，有效需求抑制度为 20% （表 3 - 7）。信贷交易成本是阻碍信贷融资的主要影响因素。因贷款评估费、申请时间长等交易成本，而受到抑制的农户占比 42.11% 。此外，制度障碍、信息不对称也是阻碍农户融资的重要因素。21.05% 具有信贷需求的样本农户因缺少抵押、没有担保和超过年龄等制度性因素而受阻，另外有 17.55% 的样本农户因不了解信贷申请流程而选择放弃。

表 3－7　　调研区域农户信贷融资需求与约束情况

调研地区	有效需求量（户）	名义需求量（户）	供给量（户）	有效需求信贷配给程度（%）	名义需求信贷配给程度（%）
永安市	38	64	37	2.63	42.19
龙泉市	39	56	38	2.56	32.14
本溪县	10	40	8	20.00	80.00

3.4　研究结论与政策建议

基于上述我国农村林业投融资政策的回顾和集体林区农户投融资情况的调研，特别是不同地区、不同农户之间的差异状况分析，得出研究结论，并据此提出政策建议。

3.4.1　研究结论

第一，调研区域林业收入对农户家庭收入的直接贡献有限。2017 年调研区域户均林业纯收入占家庭收入的 13.7%，林业收入对农户家庭收入的直接贡献不高。究其原因在于：一是因封山育林和天然林保护工程等生态建设使农户林业生产经营受限，龙泉市、本溪县部分农户仅能获得少量的补助资金；二是少数农户因林权纠纷而放弃经营，如永安市大湖镇冲二村因林地纠纷长期未得到解决，由于没有确权，农户得不到林权证，多数农户因担心利益分配问题，宁可选择在村内企业工作或外出打工也不愿意开展林业经营。林业产权的稳定性与生产者投资激励密切相关，虽然调研区域有林权纠纷的农户仅占样本问题的 5.4%，但仍值得重视；三是受林木市场价格波动的影响。以福建省为例，2015~2017 年毛竹收购价格平均每年下降约 30~50 元/吨。

第二，样本农户林业投入倾向类型受家庭特征影响，农户雇工费和运输费等费用比重。调研数据表明，家庭人均收入较少、没有经商经历的家庭更倾向于劳动主导型经营方式；家庭人均收入较高、有经商经历、家庭劳动力不足的家庭则更倾向于资金主导型经营方式。调研区域资金主导投入型、劳动主导投入型的雇工费与运输费占生产费用的比重分别为 76.44% 和 49.86%。随着非农化趋势的增强，未来雇工费和运输费等费用支出比重可能会继续上涨，农户林业生产对雇工和运输等依赖度将逐年增强。

第三，信贷约束依旧是林业发展的阻碍因素。调研显示，约有 70% 的样本农户面临林业生产资金不足的问题。在林业发展金融支持上，虽然 3 个调研区域开展了积极探索，但部分信贷约束问题有待解决，主要表现在以下 3 个方面。

一是贷款期限短、贷款利率高。调研区域除房屋贷款外，农户贷款期限普遍为 1~2 年，认为年限过短的农户占样本总量的 33.33%；农户贷款利率高于其他金融产品。2017 年中长期贷款基准利率为 4.75%（1~3 年），林权抵押贷款年利率为 6.18%~10.45%，较基准利率约上浮30%~110%；林业小额贷款年利率为 8.28%~12%，较基准利率约上浮 70%~150%；企业平均贷款利率为 7.4%，较基准利率约上浮 50%。①

① 银行上浮利率为整数，没有统一的数值，本报告根据农户调研数据，进行了估算。

二是融资渠道单一。农户贷款以农信社（农商行）为主渠道发放，尚未形成各金融机构共同参与竞争的局面。2017 年获得林业贴息贷款的农户，永安市和龙泉市的农村信用社信贷分别占信贷总额的 66.51% 和 67.71%。

三是共有林农户林权抵押贷款面临制度约束。调研区域林权证为联户名的农户普遍遇到贷款难题。2013 年中国银监会和国家林业局联合下发的《关于林权抵押贷款的实施意见》中明确要求，以共有林权抵押的农户必须要向金融机构出示其他共有人的书面同意意见书。部分林权证联户人员多达 30 户，操作流程繁琐。

第四，样本农户对林权抵押的认知与借贷行为有待改善，融资政策效果暂不理想。从政策认知看，本溪县林权抵押贷款利率高于其他两地，且对农户的需求满足度最低。长期信贷约束环境导致农户对林权抵押信贷政策产生认知偏差，对林业金融制度安排较为冷漠，对金融机构开展的林业信贷产品态度消极。

从资金用途看，在获得林业信贷的农户中，全部或部分用于林业投资的占 30.10%，其余农户将信贷资金用于工商业、农业及生活消费，严重偏离了 2009 年《关于做好集体林权制度改革和林业发展金融服务工作的指导意见》的政策预期，难以实现“切实加大对林业发展的有效信贷投入”的政策目标。

从融资偏好的角度来看，因具有“避免风险”和“安全第一”风险厌恶型特征，本溪县农户倾向于采用固定社会交往模式“圈层结构”，在面临资金需求时，首先求助于亲戚朋友，而后才会选择农村信用社。

第五，贴息贷款政策存在制度缺陷。贴息贷款政策存在制度缺陷，主要表现为：首先，林业贴息贷款审批考核难度较大。发放林业贷款贴息前，林业局必须实地核实林地面积，审核林业贴息贷款申请农户和企业是否符合条件。审核过程中存在两个方面困难：一是工作任务量较大，只能采取抽查方式审核；二是对申请数量超标的地区，只能采用抽签的方法发放贴息。其次，贴息范围有待扩大。目前对资金需求较大的重点区位商品林赎买、林下经济都不符合贴息条件，投资主体资金需求紧张。最后，道德风险难以监督。农户获得林业信贷后是否将资金持续用于林业发展，较难统计，工作人员难以介入，效果评估工作量大，贷款后监督工作不易落实。

3.4.2 政策建议

在回顾我国农村林业投资政策和调研基础上，发现农村林业投融资已取得一定进展，但依然存在迫切需要改进之处，提出如下完善农村林业投融资的政策建议：

第一，创新农村林业投融资模式，增强林业金融支持的深度与广度。

林权抵押贷款有助于增加农村林业投资，扩大抵押物范围，设计适合当地情况的金融产品，将进一步提升正规林业信贷的可得性，激励农户参与信贷融资。根据调研区域的实际情况，需要在如下几个方面加以完善：

一是林权抵押贷款应当将大部分贷款用于林业，严格控制非林化用途。可以借鉴房地产贷款的经验与做法，林权抵押贷款必须全额用于林业经营管理活动中去，建立相应的信息动态监控机制。

二是创新林业贷款技术。银行应在政策允许、风险可控的范围内，结合当地实际，灵活运用多种抵押方式。例如，采取林权、土地、房屋等共同抵押的综合方式，或者抵押、质押同时进行，或者寻找第三方担保机构，以林权作为反担保等。评估环节方面，银行、借款人、评估机构应加强协商，或者由银行明确指定三方认可的评估机构，避免产生矛盾。

三是借鉴国际小额信贷发展的经验，采用联保贷款中的连带责任、小组基金、累进贷款、次序贷款等一系列技术，以村民小组为单位，应尽快建立互担互保的林权抵押贷款机制，推动林权抵押小额贷款的发展，对于森林资源丰富的地区森林保护、扶贫以及社区发展，均具有十分重要的作用。

四是林业部门要为林权贷款安全性创造条件。森林产权并不是传统意义上的合格抵押品。由于面临自然风险、市场风险以及政策风险，森林作为抵押物的功能不是很完善的。林业部门应当充分认识到银行经营林权贷款的困难，通过一些工作降低银行信贷的不确定性。要切实加强森林资源确权、登记、评估、流转和采伐等环节的管理，将欺诈、骗贷、不实的抵押消灭在最初的环节；要加强林权抵押物的管理，影响评估效力，确保评估的质量。

五是培训一批金融机构和林业部门认可的森林资源评估人员，考虑到目前难以短期内培训一批国家涉及森林资源评估的森林资源评估师的现实，可以省为单位，金融机构和林业部门共同培训一批人员从事森林资源评估工作。

六是加强林权抵押贷款政策的宣传工作，一方面增强金融部门对林权抵押贷款政策的理解，另一方面使农户等其他林业经营主体能够了解林权抵押贷款政策、流程等。

第二，进一步加大财政金融对林业的扶持力度，建立公共财政为导向、社会力量参与的林业投入机制。

一是加强公共财政对林业的投入。多方位、多层次筹集财政支林业资金，建立与财政收入增长幅度相一致的林业专项资金投入增长制度。

二是积极探索创新林业资金投入机制。推行专项资金项目申请制，实施以奖代补的林业投入政策。大力推广政府和社会资本合作（PPP）模式，发挥财政资金的撬动作用，鼓励引导社会资本参与林业生态工程、林区基础设施建设、造林绿化、森林资源保护和森林旅游休闲康养等产业。进一步改进和加强资金使用管理，最大限度地提高投资有效性和公共资金使用效益。

三是着力强化金融对林业的扶持力度。积极创新林业金融产品。根据林业生产周期长和抵押标的物特点，设立与主伐期大体一致的贷款利率低、贷款期限长、资金使用灵活的中长期“绿色”贷款；着力优化林权抵押贷款机制，适度放宽贷款还款条件，努力简化贷款程序、降低贷款利率；将采伐迹地、幼林、花卉苗木、林下经济和森林旅游纳入林权抵押贷款的抵押物范围；建立健全林权抵押贷款风险担保机制，对林木收储担保机构给予一定补助。

四是地方政府要促进融资环境的改善。政府加大对金融机构的支持力度，营造良好的融资环境，制定相应的配套政策，以有效的政策推动林权抵押贷款的发展，拓展林权抵押贷款的发展空间。地方政府可以通过开发林业旅游产业、争取基础建设资金等，充分利用银行的资金优势和项目贷款的期限优势，解决制约县域经济发展的瓶颈问题。

此外，创新农村林业投融资模式，要不断适应当地的林情和社会经济发展特点，既要重视投融资政策的稳定性，也要重视农村林业投融资政策的动态性；既要兼顾到既有经营主体利益，又要考虑新型经营主体的新诉求。

本章参考文献

[1] 崔建远．“四荒”拍卖与土地使用权——兼论我国农用权的目标模式［J］．法学研究，1995（6）：29～35.

[2] 国家林业局．2000 年林业发展报告［DB/OL］．http：//www.forestry.gov.cn/main/62/content-83.html.

[3] 国家林业局．中国林业年鉴 1995［M］．北京：中国林业出版社，1996.

[4] 国家林业局．中国林业年鉴 2008［M］．北京：中国林业出版社，2008.

[5] 国家林业局．中国林业年鉴 2009［M］．北京：中国林业出版社，2010.

[6] 国家林业局．中国林业年鉴 2010［M］．北京：中国林业出版社，2011.

[7] 国家林业局．中国林业年鉴 2017［M］．北京：中国林业出版社，2017.

[8] 韩锋，吴静，温亚利．不同林业经营模式林农对林权改革满意度分析［J］．林业经济，2014（12）：37～89.

[9] 黄能超，王小悟．南方集体林区木材税费过多的困扰及其改革建议［J］．林业经济问题，1990（7）：13～16.

[10] 蒋海，张道卫．林业投资的激励机制与产权制度安排［J］．农

业技术经济，2001（1）：8～14.

［11］李雅宁，何广文．我国小额信贷客户家庭福利水平的模糊评价［J］．河南社会科学，2011（9）：74～80.

［12］李周，许勤．林业改革 30 年的进展与评价［J］．林业经济，2009（1）：34～54.

［13］李周．改进集体林业政策加速集体林业发展［J］．林业经济，2006（6）：16～68.

［14］李周．关于我国林业资金问题的探索［J］．林业经济，1987（4）：5～7.

［15］刘璨，吕金芝．我国集体林产权制度问题研究［J］．制度经济学研究，2007（4）：80～105.

［16］刘璨，于法稳．中国南方集体林区制度安排的技术效率与减缓贫困［J］．中国农村观察，2007（3）：16～40.

［17］刘璨，张永亮，刘浩．我国集体林权制度改革现状、问题及对策［J］．林业经济，2015（4）：3～11.

［18］刘璨．改革开放 30 年中国集体林发展趋势分析［J］．林业经济，2009（1）：41～54.

［19］刘文萍．林业和治沙贴息贷款管理面临的主要问题与对策［J］．林业经济，1998（3）：51～58.

［20］马晓青．农户融资偏好与金融抑制的实证分析——基于河南省 400 个农户调查数据［J］．消费导刊，2009（4）：53.

［21］秦涛，潘焕学．基于资本形成机制的林业金融支持体系构建研

究［J］．当代经济科学，2010，32（1）：70～76.

［22］宋丽萍，刘国成．林业信贷资金政策的分析［J］．林业财务与会计，2005（2）：25～26.

［23］新华网．辽宁：金融服务创新保护绿水青山［2018－04－14］．［DB/OL］http：//m. cnwest. com/data/html/content/15770144. html.

［24］张杰．农户、国家与中国农贷制度：一个长期视角［J］．金融研究，2005（2）：1～12.

［25］《中国林业产业》编辑部．集体林权制度改革大事记［J］．中国林业产业，2009（7）：24.

［26］中国绿色时报．贴息贷款增强林业建设活力资金稽查确保项目精准落［2017－12－04］．［DB/OL］．http：//www. forestry. go-v. cn/main/72/ content-1053605. html.

［27］朱文清．南方集体林区林业“三定”对森林资源影响研究［D］．北京：中国林业科学研究院，2012.

［28］朱喜，马晓青，史清华．信誉、财富与农村信贷配给——欠发达地区不同农村金融机构的供给行为研究［J］．财经研究，2009，35（8）：4～36.

第4章

民营林场发展经验及其典型意义

——以江西省崇义县和遂川县为例

20 世纪 80 年代以来，我国先后开展了多次集体林产权制度改革，虽经反复，但家庭经营取代集体模式，成为集体林地林木权属安排的主导形式。由于降低了劳动力的监督成本和明确的剩余索取权，在一定程度上，激励了林农的森林资源可持续经营积极性。与此同时，我们需要清醒地看到：集体林家庭经营所带来的林地细碎化、经营规模小、集约经营程度低、难以获得规模经济效益等问题。由此，探讨集体林规模经济与家庭经营结合模式就成为历史发展的必然。长期以来，各地对股份合作、合作社、大户经营等权属实现模式进行了反复实践，并取得了一定成效。在深化新一轮集体林产权制度背景下，中央政府推行所有权、承包权和经营权“三权分置”，鼓励建立新型经营主体。民营林场属于新时代的林业新型经营主体之一，各类新型经营主体可否作为新一轮集体林产权制度改革中的新型林地林木权属安排，是否取得令人称赞的社会经济与生态绩效，存在什么样的政策性问题，在实践中如何进行完善？带着这些问题，我们选取了民营林场发展比较好且数量较多的江西省崇义县和遂川县，采取现场调查研究、召开各类座谈会议、向民营林场场长发放调查问卷、查阅林场统计财务账册、与其他林业主体对比分析等方式开展了专题调研；在实地调研的基础上，我们思考了这两个县的民营林场的经验对全国民营林场发展的可复制性和可借鉴性，以期通过供给侧改革，满足人们对美好生活更好更高层次上的需求。

4.1 引 言

江西省崇义县、遂川县均为南方集体林区的林业重点县，具有林地面积大、森林覆盖率和农民对森林资源依赖度高等特点。2016 年，森林覆盖率分别达到 88.3% 和 78.6%；活立木蓄积量为 1493 立方米和 1220 万立方米；木材产量超过 10 万立方米；林业产值分别达到 6.50 亿元和 7.88 亿元，农民年人均林业收入达到 3916 元和 1350 元，分别占其人均可支配收入的 46% 和 16%。

20 世纪 80 年代以来，我国不断深化市场化和林地林木产权制度等相关改革，崇义县和遂川县重点推动集体林地林木流转改革。在确保发挥生态功能的同时，为最大限度地发挥集体林潜在经济效益，把森林资源优势转化为经济优势，崇义县出台了大量优惠政策，鼓励各类社会主体承包租赁集体林地，积极引进社会资本，在全国率先开展了以毛竹林租赁经营和人工杉木林买断经营权为主要形式的林地流转。以林地经营者获得的较高利润，吸引社会资本参与森林资源经营。与此同时，农户看到长期近乎闲置的林地资源可以获取一定的经济效益，因此，愿意流出林地。2000 年前后几年，由于受国际金融危机的影响，崇义县及其周边一些原本从事其他行业的人士看到了从事森林资源的潜在商机，开始流入集体和个人的林地林木。截止到 2003 年年底，全县林地流转面积达到 40.11 万亩，其中流入林地面积在 2000 亩以上的林业大户达到 40 多家，为崇义县民营林场发展的雏形。

2004 年以来，在新一轮集体林产权制度改革及其配套改革的背景下，崇义县和遂川县林业步入了新的发展阶段。2005 年，这两县即在原林业“三定”的基础上，完成了以明晰产权、承包到户为标志的新一轮集体林产权制度的主体改革，集体林地确权后，户均林地分别为 44.4 亩和 26.1 亩。集体林地确权激励了林农从事林业的动力，但因平均分配林地而未考虑林农的生产经营专长和比较优势，加之存在基础设施不完善、林地面积小而细碎化、融资难且贵以及抗风险能力差等问题。为了促进生产要素资金、技术、信息等要素向林业产业集聚，在明晰产权和利益分配的基础上，崇义县和遂川县委县政府坚持“自愿、平等、有偿、合法”的原则，从产业、资金、信贷等方面，积极鼓励、引导与扶持林农自愿组建以家庭联户、股份合作和大户承包经营为主要形式的民营林场，一些林业大户和社会上懂管理、会经营、有一定经济实力的有识之士，陆续加入创办民营林场的行列。截至 2016 年年底，两县民营林场分别发展到 35 家和 27 家，经营面积在 1 万亩以上的分别有 9 家和 4 家，其中崇义县的 2 家和遂川县的 1 家民营林场列为省级林业龙头企业；崇义县的 2 家省级林业龙头企业还被列入江西省林场协会公布的全省仅 10 家大型民营林场名录中。两县民营林场经营面积分别为 32.94 万亩和 16.2 万亩，占全县林业用地面积的比例分别达到 12.6% 和 5.1% ，成为当地培育森林资源和发展现代林业的重要力量。

4.2 民营林场的经营特点与成效

4.2.1 民营林场的经营特点

调研组采取随机抽样的方式，对崇义县 17 家民营林场进行了调查研究。调研显示，民营林场自组建以来，在连续 10 多年的运行过程中，经过不断地调整完善，逐步呈现出明显的基本适应现阶段我国农村林业生产力发展水平的适度规模化经营和一定程度的现代企业管理的特点，取得了良好的生态、经济和社会效益。

实现了集体林地的规模经营：截至 2016 年年底，17 家民营林场经营林地的总面积为 13.74 万亩，平均经营面积为 8082 亩，是本县农户平均承包经营林地面积的 182 倍。

以商品林经营为主，具有集中实现林业生产经济效益的明显优势。17 家民营林场目前经营林地的林种为：用材林 10.10 万亩，竹林 2.38 万亩，经济林 1370 亩，合计为 12.62 万亩，占经营林地总面积的 91.89%。

树立了林场长期经营理念：17 家民营林场组建以来，累计投入包括水利、电力、道路、防火等基础设施建设资金 3242.8 万元；投入造林、森林抚育、残次林改造的资金 12053 万元；投入林业科学实验、实用科技推广资金 128.3 万元。与长期以来集体林散户经营林业基础设施建设、林业科技支撑的零星投入形成鲜明对比。

全部实行场长负责制，具有经营决策快、运转效率高的突出特点：17 家民营林场的生产经营由场长全权负责，其中 7 家配备副场长的林场，把一些具体业务交由副手完成，以便让场长集中精力处理事关林场长远发展的大事要事，从而避免了类似股份合作企业股东众多、意见分散，效率低下，不利于企业发展的弊端。

4.2.2　民营林场的经营成效

第一，民营林场成为林业吸纳社会资金的重要载体。调研数据显示，2008 年以来的 10 多年间，崇义县 17 家样本民营林场吸纳社会资金 3.34 亿元，其中林场自筹 1.89 亿元，银行各种贷款 1.4 亿元，互助基金融资 285 万元。每家林场平均吸纳资金 1963.98 万元。

第二，林区道路和防火等基础设施建设明显加强。调查结果显示，10 年多来，17 家民营林场几乎每年都有新建、维修林区道路和有害生物防治、防火设施的投入。截至 2016 年年底，整修、新建可通机动车的道路 471.88 公里；防火瞭望塔、防扑火器具、病虫害监测等基础设施 200 多台套。

第三，民营林场的森林资源数量和质量得到大幅提升。从组建开始，民营林场就开展了大规模的植树造林、森林抚育和对低产低效林的改造。

充分利用林地资源“见缝插绿”，采用大苗、壮苗与大穴大肥造林等措施。长期以来形成的林木间伐砍大留小、砍壮留残的惯例，转变为民营林场的砍残砍小和留壮留大的营造林。据统计，从林场组建到2016年年底，17家样本民营林场造林面积为4.85万亩；中幼林抚育面积8.52万亩次；低质低效残次林改造1.14万亩；活立木蓄积量达到58.43万立方米，立竹量达到487万根；亩均森林蓄积量和立竹量分别达到5.78立方米和204根。

第四，民营林场的社会经济和生态效益分析。

民营林场的经济效益。崇义县投入运营以来，取得了令人满意的经济效益。我们的数据显示：从组建到2016年年底17家样本民营林场累计产出商品材10.64万立方米，销售收入1.10亿元；商品竹10471万根，销售收入3465万元。与其累计投入相比，在不到10年的时间里，投入产出比即达到1：0.51。部分林场已实现利润。从2000年开始，崇义县天桂民营林场陆续租入林地7500亩，林场组建以来累计投入资金1610万元，截至2016年年底，除植树造林增加了3500亩的森林资源，完成中幼林抚育5000亩次，低产低效林改造1200亩外，累计销售商品材1.5万立方米和商品竹50万根，销售收入2000万元，投入产出比达到1：1.24；文丰民营林场累计投入200万元，累计销售商品材250万元，实现利润50万元，投入产出比为1：1.25。一些主营经济林的民营林场经济收益更为可观，崇义县铅厂镇义安村一家民营林场兼营用材林和经济林，2002年以每年每亩50元的价格租入荒山50亩，采用先进的种植技术和管理措施，发展脐橙，仅此一项每年纯收入就超过10万元，2015年和2016年纯利润分别为13.5万元和14.4万元。与此形成对照的是，与其相邻的一家农户在自家承包林地上同样种植了 50 亩脐橙，由于资金缺乏、管理落后和无力抵御病虫害，十几年来连续 3 次彻底更换病树，不仅没有取得任何效益，3 次造林和每年投入的肥料、农药费用血本无归。同村相当一部分散户经营脐橙的农户同样遭受到黄龙病不同程度甚至毁灭性的损失，平均收入水平不足这家林场的 1/3。

另外，考察民营林场林地经营的经济效益，民营林场所投入的流入林地租金则是林地流出农户所获得的租金。截至 2016 年年底，崇义县 17 家样本民营林场租入林地 13.74 万亩，支付租金 8373 万元。

民营林场的社会效益。其社会效益主要体现在以下 4 个方面：一是助推了林地租金的大幅上涨。据崇义县林业局提供的数据显示，民营林场显著的经济效益和社会对林地需求的不断增加，拉动了崇义县林地价格的连年攀升。林地租金由林改前的每年每亩 4 元至 10 元提高到现在的 50 元至 70 元，为期 20 年的人工中龄杉木林每亩转让价由原来的 300 元提高到目前的 4500 元。林地租金的持续上涨，有效刺激了林农流出林地，许多农民纷纷将自留山或责任山以转包或合作入股等多种形式流转给民营林场统一经营管理，直接从中获利或按股享受分成，有效增加了林农收入；二是带动了当地林农的就业增收。十几年来，民营林场的植树造林、森林抚育、森林防火、有害生物防治和基础设施建设等多项工程全部雇佣就近农民实施。据测算，所有这些工程除基础设施建设施工材料和管理费用约占总投入的 30% 以外，其余 70% 的投入全部用于农民工的劳务支出。崇义县仅 17 家样本民营林场就为农户创造了 3000 多个的就业岗位，农户从民营林场获得的就业收入约 1.1 亿元，人均年收入近 4000 元。三是拉动了林业产业化链条的形成和延伸。崇义县民营林场的发展并没有仅仅停留在造林育林层面上，随着经营规模的不断扩大，部分民营林场紧盯市场需求，进一步向育苗、采种、珍贵树种培育、竹木加工等新型产业拓展，同时带动了全县林产加工、木竹产品销售等加工流通企业的兴起，初步形成了“育苗—造林—采伐—加工—销售”成龙配套的产业链条。民营林场年产值达到 4000 多万元，占全县林业总产值的 10% 。玉龙毛竹民营林场租赁农民承包林地 5000 亩，同时开展毛竹、用材林经营、毛竹加工生产和林下种植灵芝。10 多年来，累计投入 740 万元，生产 2000 立方米的商品材和 36 万根的商品竹，销售收入 540 万元。发展林下经济种植灵芝投入 400 万元，销售收入 520 万元，实现利润 120 万元，投入产出比达到 1 : 1.3。绿之蓝林业有限公司林下经济发展中草药和土鸡养殖，其中土鸡养殖累计投资 30 万元，销售收入 35 万元，利润率为 16.6% 。四是发挥了对广大农户营林育林的示范带动作用。民营林场规模化集约化经营的示范效应，有效地影响带动了周边村民小组和农户造林育林的积极性，林地面积连年快速增长，森林资源质量大幅提高。截至 2016 年年底，崇义县林地面积由“十一五”期末的 264 万亩增长到 2016 年的 268.8 万亩，森林覆盖率由 85.6% 上升到 88.3% ，其中针阔混交林和天然阔叶林占 52% ，活立木蓄积 1493 万立方米，活立竹 1.02 亿株，乔木林亩均蓄积量 7.8 立方米，所有指标均高于全国平均水平。2016 年，在全国森林经营样板基地建设中期评估会议上，被国家林业局评为一等建设单位，成为全国可持续森林经营的样板。遂川县有林地面积由 2006 年的 369 万亩增加到现在的 386 万亩，森林覆盖率由 77.4% 上升至 78.6% ，活立木蓄积从 1003 万立方米上升至

1220 万立方米。

第五，民营林场的生态效益。民营林场通过植树造林、低产低效林改造和森林抚育，增加了有林地面积和提高了用材林与竹林资源的林分质量；在生长期，同样发挥着涵养水源、固土保肥、固碳制氧、保护生物多样性、净化环境、防风固沙等生态效益。

4.2.3　主要经验和做法

崇义县和遂川县民营林场蓬勃兴起的较有特色的经验和做法主要有以下几个方面。

第一，政府重视、高位推动。为切实加强对培育发展民营林场的组织领导，两县均成立了由县政府一把手任组长，分管领导任副组长、相关部门负责人担任成员的包括培育发展新型林业经营主体的农村经济合作组织领导小组，下设办公室专门负责日常管理协调工作。各乡镇成立了相应领导和办事机构。明确要求各级党政组织要将培育发展以民营林场为主的农村经济合作组织列入重要议事日程。崇义县政府还从县政府办公室、林业局、民政局和科协等单位抽调骨干力量、落实专职人员，加强对民营林场的督导检查。遂川县把培育新型林业经营主体作为深化改革的重要内容，每年列入单位和干部的实绩考核，确保了培育新型林业经营主体各项政策措施的落地生根，推动了民营林场的健康快速发展。

第二，政策引导、优化机制。良好的经营环境和灵活的经营机制是保证民营林场各项权益得到保障的前提条件。为此，崇义县委县政府早在

2005年就出台了《崇义林业产权制度配套改革若干意见》，明确规定各类社会主体自愿开展家庭联户、股份合作和大户承包，经营面积在2000亩以上的，即可申办民营林场；民营林场采取何种组织形式，完全由合作各方自愿协商确定，审批机关不做任何强制要求；在引进人才、技术、资金等各种生产要素和确定企业生产、用工、分配等内部制度方面，民营林场享有充分的自主决策权。任何单位和个人不得在法律、法规、规章、规定之外，对民营林场的经营活动加以限制和干涉，不得侵犯民营林场的自主经营权；民营林场通过流转取得林地经营权之后，依法享受林权抵押、评优示范、财政补助、林木采伐和其他行政审批等事项与林地承包者的同等权益。依法保障经营者的所有合法权利，确保经营者能够放心、放手与放胆经营；在经营范围和经营权益分配上，民营林场不仅可以采取多种形式自主投资经营商品林，有权获得合法的经济效益，而且可以依法投资经营公益林，有权获得森林生态效益补偿及其他政策性补助。遂川县先后制定了《加快培育新型林业经营主体促进林地适度规模经营实施办法》《扶持家庭林场发展实施办法》和《林地经营权流转证登记管理办法》，对包括民营林场在内的各类新型林业经营主体从审批程序、经营模式到权益保障均做出了十分明确的规定，并在江西省率先建立了林地经营权流转证登记制度，为民营林场的自主合法经营提供了坚实的政策制度保障。

第三，多措并举，放手支持。十余年来，崇义县和遂川县始终坚持在政策、资金、项目上对民营林场给予大力支持。一是财政资金支持。主要有两个方面，第一个方面是财政资金的专项支持。遂川县财政每年都要安排一定财政资金专项用于包括民营林场在内的各类新型林业经营主体的创建、培训、基础设施建设和技术推广等项支出；同时对经营主体产品、技术的绿色、环保与效益进行绩效评比，分级给予资金奖补。新型林业经营主体的“三防”建设、基础设施建设等优先纳入林业专项规划，优先享受扶持政策。第二个方面是对民营林场的财政贴息，崇义县明确规定：民营林场营造的油茶、工业原料林、毛竹低质低效林改造等营造林项目贷款，一律享受财政贴息。截至 2016 年年底，仅 17 家样本民营林场累计享受贴息资金就达到 1590 万元。二是项目支持。从 2005 年开始，崇义县民营林场在国家林业重点工程项目规划区内营造的林木，凡符合项目标准要求的，全部列入国家林业重点工程管理。民营林场申报的项目，符合省级林业发展资金、森林防火专项资金和森林病虫害防治专项资金项目申报条件的，优先安排。我们的调查结果显示，2005 年以来，国家林业重点工程用于民营林场和农户的造林资金累计达到 3730 万元，占全县国家林业重点工程投资总额的 56.9% 。三是金融扶持。截至 2016 年年底，崇义县 17 家样本民营林场从农村信用社和国家地方各类银行累计贷款达到 1.42 亿万元，特别是林权抵押贷款已成为各类银行对民营林场支持力度最大的信贷产品，贷款额高达 8089 万元，占全部贷款的比例达到近 57.14% （见表 4－1）。在此同时，当地的农村信用合作社、农业银行、工商银行等金融部门还将林权证抵押贷款利率由 2008 年年息 9.36% 降至目前的 5.31% ，大幅度降低了民营林场的经营成本。

表 4－1　　崇义县 17 家样本民营林场累计贷款情况

项目	合计	林权抵押贷款	林业贴息贷款	林业信贷通贷款	其他贷款
贷款额（万元）	14156	8089	1590	450	4027
占全部贷款比例（%）	100.00	57.14	11.23	3.18	28.45

为拓宽新型经营主体的融资渠道，遂川县专门出台了《遂川县创新林业金融服务实施意见》，积极协调金融机构为林业新型经营主体办理林地经营权流转证抵押贷款、信誉贷款、油茶贷、惠农信贷通等项贷款，仅2016年一年就为以民营林场为主的林业新型经营主体筹措生产资金5600余万元，贷款期限最长可达到10年。四是实施对民营林场林木采伐限额管理的特殊政策。崇义县和遂川县全部实行民营林场采伐计划单列。民营林场培育的工业原料林、速生丰产林，民营林场自主确定主伐年龄和方式。在非林地上种植的速生树种，取消对民营林场的采伐计划管理，允许经营者自主采伐。

第四，注重实效、产业拉动。为最大限度地挖掘林业生产潜力，调动广大林农造林育林营林的积极性，用产业拉动民营林场等新型林业经营主体的可持续发展。21世纪初，崇义县就将笋竹、南方用材林和油茶作为发展林产业的主攻方向，陆续出台了《关于加快竹产业发展的意见》《关于加快油茶产业发展的意见》和《崇义县竹产业、油茶产业发展规划》，设立了林业产业发展基金。县财政每年安排400万元资金，专项奖励扶持毛竹、油茶资源的开发培育。同时实施了对民营林场新造毛竹、油茶林给予80元/亩和100元/亩的补贴，无偿提供造林苗木和新建“猪—沼—竹”绿色无公害有机肥高产笋竹两用毛竹林示范点，每个示范点补助5000元等一系列奖励扶持林农和民营林场发展林业产业的优惠政策。与此同时，崇义县按照“公司+基地+农户”模式，大力培育和引进龙头企业，鼓励龙头企业和民营林场以提供技术、资金、包销产品的形式，联合竹农发展毛竹加工，形成了以竹胶建筑模板、竹制地板、竹制工艺品为主导产品的“产供销一体化”的产业发展格局。

遂川县积极支持包括民营林场在内的各类新型林业经营主体发展油茶、毛竹、森林旅游、花卉苗木、中药材和林下经济等林业特色产业，县财政安排专项资金每年对各类经营主体产品技术的绿色、环保、效益进行绩效评比，分级给予资金奖补，仅2015年和2016年兑现的各类项目奖补资金就达到3850万元，有效调动了各类新型经营主体发展林业产业的积极性。据统计，全县专业从事中药材、香精香料等林下特色种养的各类新型林业经营主体达到70余家，年产值高达5亿多元。

第五，培育市场、强化服务。一是建立森林资产有形市场，搭建林地林木资本化运作的服务平台。崇义县和遂川县分别于2005年和2011年组建了林权管理服务中心，为林农和以民营林场为主的各类新型林业经营主体提供林权登记、信息发布、技术服务、市场交易、抵押贷款、法律咨询等方面的一站式服务。为方便客货见面，在赣州市白塔货场，崇义县林权管理服务中心设立了“崇义县林产品赣州货场”，直接服务于民营、国有林场的木材销售。遂川县更是实现了县、乡、村流转信息服务平台与省市互联互通的五级林权流转管理服务体系。把业务受理、初审等工作环节下放到乡、村服务平台，实行就近办理。林权流转服务信息通过“惠林绿桥”手机APP，随时随地送到林农手中，加速了各类林业经营主体林权流转速度，有效提升了民营林场的资本运营效率。

二是政府服务与社会化服务同时并举，为民营林场创造优良的生产经营条件和环境。在政府服务层面，崇义县坚持为民营林场提供从市场准入到开始运营的全程跟踪服务。在申报登记阶段，林业主管部门对民营林场的所有山场，都要派出专门的管理技术人员，逐块核查申报者的森林资源状况，建立营林档案卡片。根据林地资源分布现状、综合立地条件，协助林场编制为期50年的森林经营方案。聘请评估机构或相关技术人员对山场资源进行实地评估，为民营林场依法经营奠定良好的基础。在民营林场运营后，为提高林场的科学管理和经营水平，县林业主管部门逐场选派具有丰富实践经验的林业科技人员担任常年技术顾问，适时组织林场员工参加各种类型的科技培训，具体指导林场开展科学实验、科学技术推广，建立科技示范基地。崇义县林业主管部门的公安、消防、有害生物防治等部门分别采取建立工作联系点、挂牌保护、聘请护林人员开展巡山护林等措施，努力为林场提供生产安全保障。遂川县对以民营林场为主的各类新型林业经营主体实施了免费提供合同鉴定、流转表册，免费办理抵押登记，优先安排采伐计划、优先安排项目扶持，办理林地林木流转上门服务的“三免两优先一上门”服务。同时安排县科技特派员和乡镇技术推广员，按照精准扶贫的要求对每个新型林业经营主体进行“一对一”的产业帮扶，适时解决林业经营主体在生产经营过程中的各种困难和问题。

在社会化服务层面，服务主要通过各种林业合作组织和林业专业协会来实现。2012 年，崇义县 35 个民营林场自发组织成立了江西省第一个民营林场协会。该协会成立以来，坚持以为民营林场服务为宗旨，坚持行业自我管理、自我约束，及时总结交流民营林场经营管理的先进经验，开展成员单位之间的技术协作，积极引进、推广森林资源培育的新技术、新模式与新项目，全力开展林（竹）木资源培育单位之间的技术协作，开展对民营林场的信息咨询和人员培训服务，为成员单位引进技术、引进人才、引进资金牵线搭桥，组织建立协会成员单位“互助基金会”，与县农村信用社开办“林业信贷通”，基金会与信贷通运行以来已为民营林场融资 1769 万元。在此同时，协会还适时向政府相关部门反映民营林场的意见诉求，提出行业发展战略、发展规划、技术经济政策、管理措施等方面的意见建议，维护民营林场的合法权益，督促民营林场合法经营，成为民营林场连接政府的桥梁纽带和民营林场规范运作、科学管理的重要纽带。为强化对民营林场产业协会的监督管理和经营指导，县林业系统党委书记、林业局局长受聘担任了协会的名誉会长。在日常工作中，县林业局作为政府的职能部门，定期不定期地组织召开产业协会、民营林场和相关部门联席会议，及时研究解决民营林场的重大问题。坚持引导民营林场模范执行国家的法律法规和相关政策，协助政府主管部门搞好林业资源培育，维护林区生产秩序，引领林业产业健康有序发展，树立民营林业企业的良好形象。

4.2.4　存在的突出矛盾和问题

为了能够从实践的角度，更加准确地了解和把握民营林场运行中存在的突出矛盾和问题，在崇义县和遂川县，我们分别采取召开由民营林场场长、基层林业管理部门、民营林场所在村组负责人和与民营林场存在合作关系的部分农户参加的各种座谈会，向直接从事民营林场经营的民营林场场长发放调查问卷的方式，广泛听取各方面的意见，较为全面地了解了目前民营林场在实践中面临的各种困难和问题。

崇义县的35家民营林场有24家规模较大林场的场长接受了调研组的问卷调查，受访比例达到68.57%，代表了绝大多数民营林场的意愿和诉求。现将受访场长对调查问卷11个多项选择题按照选题人数多少列表如表4－2所示。

表4－2　　崇义县民营林场场长接受问卷调查情况　　单位：人

答题选项	回答是的民营林场数
国家对非公有制林场扶持政策缺位	20
地方政府对民营林场的扶持力度不够	18
林场经营缺乏资金	18
林木采伐主伐期规定时间过长	17
林权纠纷干扰	13
林业基础设施薄弱	12
采伐限额管得过死	9
林业贷款门槛高	7
缺乏科技人才	6
缺乏经营管理人才	5
林产品销售困难	3

遂川县有5位民营林场场长接受了问卷调查，选题情况与崇义县高度一致，5位场长全部选择了“林业经营缺乏资金”，3位场长同时选择了“国家对非公有制林场扶持政策缺位”“地方政府对民营林场的扶持力度不够”“林木采伐主伐期规定时间过长”“采伐限额管得过死”，占比达到60%，有2位场长选择“林业基础设施薄弱”和“林业贷款门槛高”。

综合分析崇义县和遂川县民营林场场长在问卷调查中的问题选项和通过座谈会等途径了解的实际情况，当前民营林场存在的突出矛盾和问题主要表现在如下6个方面：

第一，民营林场发展尚处于初级阶段，经营管理水平有待提高。一是管理科技人才缺乏。民营林场普遍存在员工素质差、技术力量薄弱，组织结构不尽完善的问题。林场业主多为农村有一定经济头脑的农民或者是从其他行业进入林业行业的人员，多数缺乏林业经营管理经验。崇义县 17 户样本民营林场中，17 位林场业主只有 3 位具有大学或大专学历，其余均为初高中或相当于初高中学历。从组建民营林场成立前从事的职业看，有 3 位具有与经营林场有一定关联的木材加工和经商销售木竹经历，5 位是从林业经营大户转变而来。其余 9 位基本上是从农村小本生意做起逐步发展起来的自由职业者。17 户样本林场的 142 名管理技术人员具有大学学历的只有 22 人，仅占管理技术人员总数的 15.06% 。在包括林场业主在内的所有管理人员中，具有专业技术职称者只有 12 人，在管理技术人员中的占比仅为 8.45% 。遂川县的 27 家民营林场只有 4 家聘请了技术人员，拥有上万亩山场的几家林场没有配备一个专业技术人员。二是经营管理粗放。部分民营林场经营理念滞后，管理模式老旧，企业发展缺乏长远的科学规划，林业基础设施薄弱，尽管具备了一定程度的经营规模，但生产经营的科技含量和集约化水平低，至今走不出“种树—砍树—卖树”的传统林业经营模式。特色林果、林下经济、森林旅游等林业产业没有得到应有的开发，木材产品附加值低、生产成本居高不下，在激烈的市场竞争中，处于弱势地位，以致出现了运行了 10 多年，仍有相当数量的民营林场至今效益不尽理想乃至亏本经营的现象。

第二，民营林场经营环境需要进一步优化，政府扶持社会化服务存在断层。在享受国家政策性补贴、参与国家林业重点工程方面，与国有林场相比，民营林场存在一定差距。在国有林场普遍享受的林木良种、森林抚育和造林补贴，安排在民营林场的只有很小的部分。三项补贴试点实施以来，崇义县17家样本民营林场只有1家享受了94亩、9400元的林木良种补贴，4家获得2111亩、17.28万元的森林抚育补贴；国家林业重点工程也只有2家民营林场于2017年实施的投资仅有110万元的长江防护林工程。

森林采伐限额管理某些规定对森林资源培育和林业经营形成制约。主要表现在采伐指标过少和主伐期规定时间过长。崇义县和遂川县至今沿用按照数量成熟标准制定的采伐人工杉木林龄25年、松树林龄40年的规定。部分民营林场业主反映，20世纪80年代营造的杉木林林龄长达30多年，早已超过规定的采伐期限，但由于采伐指标的限制，经营者只能排队等候采伐限额指标。

林业生产经营周期长，投资回收慢，民营林场资金压力大。银行各类贷款期限短、门槛高，且多为1~3年的短期贷款，贷款利息居高不下，年息高达12%以上。林权抵押贷款仅限于松杉中龄林以上的林木和毛竹，公益林、采伐迹地、幼林、花卉苗木、林下经济尚未纳入贷款范围。同时，存在贷款扎堆林场受益不均的问题，崇义县17家样本民营林场有6家同时获得包括林权抵押、林业贴息、林业信贷通和其他各项贷款，贷款额度达到1036万元，占全部17家林场贷款总额的78.75%。林权抵押贷款则集中在3家民营林场，贷款额占所有民营林场林权抵押贷款总额的80.71%。财政贴息期限规定最长不超过3年，与林业生产周期相距甚远。沉重的利息负担严重挤压了民营林场的利润空间。从2003年起，崇义县的昭宇民营林场陆续从各类金融机构中贷款800万元，到2016年已累计付息650万元，经营收入累计只有560万元，支付的利息明显超过了经营收入。

林权纠纷影响民营林场正常生产经营活动。此问题在崇义县表现得尤为明显。一是民营林场林权变更登记滞后，特别是在新一轮集体林产权制度改革之前流转的林地，普遍存在与林改后林权登记的面积、四址界线不符的问题。二是至今没有颁发法律上保证民营林场依法正常经营的林地、林木经营权证，其生产经营活动主要依据流转合同和林权证复印件进行安排。三是新一轮集体林产权制度改革前流转林地让利矛盾突出。部分林农遵守法规契约观念淡薄，甚至片面理解县政府关于林改前流转林地让利由流转双方协商解决的规定，向承租林地的民营林场漫天要价。要么以合同没有约定为由，干扰林场正常的林区道路修建、间伐抚育和采伐迹地更新造林等正常的生产经营活动，以致出现了民营林场大量采伐迹地长期闲置无法造林的非正常现象；要么就要求高价补偿，个别村组甚至出现拦路要挟现象。2005 年，崇义县的昭宇民营林场以租期 25 年每年每亩 50 元的价格租入 70 户农户的 2000 亩承包林地，随着市场竹木价格的连年攀升，林地出租农户纷纷到乡县政府上访要求修改合同，同时期结伙阻挠林场正常的生产经营活动。经乡政府出面协调，林场分别在 2008 年和 2013 年两次同意为农户让利，将租金调整到每年每亩 70 元和 100 元。尽管如此，出租林地农户相关活动仍不停止，在无法经营的情况下，昭宇民营林场不得不将林地全部退还农户，造成林场无法挽回的经济损失。四是民营林场采伐迹地造林主体有待明确。民营林场在林改前流转的部分林地，采伐后还未到合同规定的经营期，但造林后剩余经营期又不足一个轮伐期，无意投资造林。林地承包者亦无法在流出尚未到期的林地上造林，造成了采伐迹地的大面积荒芜。

生态公益林和天然林保护范围划定程序需要规范。崇义县的部分民营林场反映：在没有与林场充分协商的情况下，其经营的用材林即被划入公益林和天然林保护禁伐的范围，每年只能获得国家和地方政府发放的每亩不足20元的森林生态效益补偿，与林场林地流转租金、森林抚育和基础设施建设等项投入和预期收益形成巨大反差。

林业社会化服务林权交易服务平台建设有待进一步加强。在为民营林场林业生产的产前、产中和产后服务，尚远远不能适应林场发展的实际需要。一是林业技术服务滞后。县乡林业科技推广体系尚未真正有效运行起来，林业科研院所、科技推广部门、林业大专院校并没有充分发挥科技资源优势。由于人员编制偏少、技术力量薄弱，处于林业工作基层地位的乡镇林业工作站无法为民营林场提供有效的科技推广和林业技术服务。二是政策法律服务效果不尽理想，一些林权纠纷一拖再拖得不到及时妥善处理。三是林地林权流转没有专门的评估机构。目前，评估事务主要依托只有丙级资质的县林业勘查设计队进行评估，单笔评估价限定在200万元以下，出具的也只是评估咨询报告。评估人员只接受过国家林业局、财政部好中评协的短期培训，业务素质较差，评估咨询结果同时存在法律层面认可和贷款额度受限两方面的缺陷。在为民营林场包括造林、抚育、采伐等所有生产环节的规划、设计、技术指导等产中服务大多没有开展；产后服务也仅限于林产品部分市场信息的提供。

4.2.5 民营林场与其他林业经营形式的优势比较

第一，与家庭林场比较。家庭林场是指以农户家庭为组织单位，以家庭成员为主要劳动力，林地经营面积在 500 亩左右的林业经营主体。崇义县和遂川县的民营林场是按照江西省林业厅 2008 年《关于民营林场发展的意见》组建的森林面积在 2000 亩以上，经济林经营年限 15 年以上，用材林经营年限 30 年以上的经营主体。民营林场多数是从林业大户和家庭林场发展演变而来，较之于家庭林场具有经营规模大，组织化集约化程度高，森林资源相对富集、林场场主有一定的经营林业的经历和经验，林场经济实力、融资能力、市场竞争力较强的优势。

第二，与林业合作组织比较。林业合作社是由政府发起组织或者由农户自愿联合、民主管理、进行合作生产经营的经营主体，其成员来自本村组不同的家庭。在 2012 年、2014 年和 2016 年，我们曾对包括崇义县和遂川县的全国 9 个省区 18 个样本县的林业合作组织发展情况进行跟踪调研。我们的跟踪调研结果显示：目前多数林业合作组织运行不够理想。林农对林业合作社的反应冷淡，2000 多个样本农户在三个年度的调查问卷中，对“村里有林业合作组织你为什么没有参加”和“没有想好，看看再说”，给出肯定回答的比例高达 90. 48% 、91. 79% 和 93. 15% 。与相当部分林业合作组织或跟风登记、坐享国家扶持，或有章不循、管理混乱，或社员意见分散、难以决策，或利益联结机制松散、社员之间事不关己高高挂起，或理事会、监事会流于形式，形成鲜明对照的是民营林场精干高效的组织机构、处事果断的决策机制和维护自身利益追求企业效益最大化的搏击精神。

第三，与林业龙头企业比较。林业龙头企业是指以林产品加工或流通为主，通过各种利益联结机制与农户相联系，带动农户进入市场，使林产品生产、加工、销售有机结合相互促进的新型林业经营主体。部分民营林场本身就是集森林资源培育、林产品加工和林产品销售于一体的林业经营主体，与林业龙头企业具有同样或者更加突出的对林业生产经营和产业发展的示范带动和辐射作用。

4.2.6 结论与讨论

伴随着改革开放以来农村出现的劳动力大量转移，集体林地林木经营发生空挡，森林资源资产化，在集体林权制度历次改革特别是新一轮改革的推动以及政府引导和市场的相互作用下，崇义县和遂川县民营林场是产生和发展起来的新型林业经营重要主体之一。

在一定程度上，民营林场的产生和发展有效解决了林改分山到户后林地细碎化、经营规模偏小、技术手段落后和生产效率低下的问题，实现了集体林地的适度规模经济、初步集约化和商品化经营，取得了良好的社会经济和生态效益。

经过10多年的发展，尽管还有许多不尽人意需要改进和创新的环节，但民营林场与其他同时出现的新型林业经营主体相比，无论组织结构、发展机制和运行模式还是经营效率均具有一定优势，代表了社会主义新时代集体林业的发展方向。

当前，在我国农村面临与崇义县和遂川县完全相同的社会背景和林业改革现实的情况下，在培育发展民营林场过程中，崇义县和遂川县所创造的先进经验具有普遍的适用性。结合各地实际情况，学习推广崇义县和遂川县的经验，对于推动以民营林场为主的各类新型林业经营主体的培育发展具有极大的实践和现实意义。

4.2.7　发展对策及政策建议

第一，加强对培育发展民营林场的组织领导。把培育发展以民营林场为主的新型林业经营主体纳入新型农业经营体系并列入各级政府和领导干部尤其是林业主管部门的实绩考核范围，明确工作目标，严格奖惩兑现。在此同时，大力推广精准扶贫的先进经验，实施地方党政机关、群众团体和林业科研技术推广部门对民营林场的对口帮扶制度，协助民营林场解决在生产经营过程中的各种困难和问题。

第二，加大对民营林场的政策资金扶持力度。一是在政策上明确以民营林场为主的各类新型林业经营主体享受与农业新型经营主体的同等待遇。林业方面的扶持政策享受与国有林场的同等待遇。二是将民营林场的基础设施建设、森林防火、有害生物防治纳入同级地方国民经济社会发展规划和当地林业生态建设发展总体规划予以扶持。三是逐年加大对民营林场发展林业产业、林下经济和科技推广等专项资金的支持力度。将林业产业纳入促进农民就业增收、山区扶贫开发与节能环保等扶持政策领域。地方政府要将对林业产业的扶持资金列入财政预算；推进实施贴息期限与林业贷款周期相一致的财政贴息政策，将贴息范围由林业的第一产业延伸到林产品加工、森林旅游等第二、第三产业。四是国家和地方林业重点工程优先安排民营林场组织实施。

第三，着力加强对民营林场的金融支持。一是积极创新林业金融产品。根据林业生产周期长和抵押标的物的特点，区分生态林、商品林中的用材林、经济林和竹林等不同林种，确定与其生产周期相对应的不同档次贷款期限的信贷产品。借鉴世行、亚行等国际组织和其他国家与地区的经验，设立与主伐期大体一致的以贷款利率低、贷款期限长、资金使用灵活为特点的最长25年期限的用材林中长期“绿色”贷款。推广崇义县的经验，开设专门针对民营林场和各类新型林业经营主体的林业信贷通贷款。鼓励金融机构开发林业类理财产品。二是着力优化林权抵押贷款机制，适度放宽贷款还款条件，努力简化贷款程序、降低贷款利率。将采伐迹地、幼林、花卉苗木、林下经济和森林旅游纳入林权抵押贷款的抵押物范围。努力消除贷款歧视，实施林权抵押贷款对所有新型林业经营主体的普惠制。根据各类新型林业经营主体的实际情况，设计推行多样化的贷款模式和还款方式，对额度较大、期限较长的贷款，允许采取分期付款的方式还款。目前的林权抵押贷款要主推8~10年的中期贷款，降低年利率水平。

为保证林权抵押贷款的顺利进行，需要努力做好3个方面的工作。一是建立健全由政府牵头、相关部门和银行共同参与的林银协调合作机制，及时解决各种林业贷款存在的问题；二是地方财政拿出一定比例的资金，建立林权抵押贷款风险担保基金，由县级人民政府组建林权抵押贷款担保公司；三是明确责任主体，加强对贷款抵押物的监管，最大限度地降低银行的贷款风险。

第四，实施对民营林场特殊的森林采伐限额管理办法。一是改革现行的采伐限额审批制度。借鉴国际经验，对以民营林场为主的各类新型林业经营主体的森林采伐由目前的审批制改为备案制。二是调整对各类新型林业经营主体采伐限额管理的具体办法。实施各类新型林业经营主体采伐限额计划单列；在条件成熟时，在确保采伐量低于生长量的前提下，完全放开对各类社会主体人工用材林的采伐限额，实现投资造林者的自主采伐。三是科学确定商品林的主伐时间。从森林资源培育和林地经营的实际出发，本着既有利于资源再生产，又有利于提高林地利用率、产出率、盘活资金实现商品林经济效益最大化的原则，适当缩短用材林特别是人工用材林的采伐周期，实现商品林木材采伐管理由恪守数量成熟向注重经济成熟的转变。四是采伐指标向民营林场适度倾斜。

第五，全面优化对民营林场的社会化服务。一是建立健全社会化服务体系。实现对以民营林场为主的各类新型林业经营主体社会化服务的有组织、有场所、有设施、有制度、有考核。努力强化各级政府的公益性服务，逐步扩大、规范社会化的有偿服务。二是全力提升林业产权交易市场的服务质量和水平。着力强化其为林业经营主体提供林权流转交易、林业信息发布、森林资源资产评估、林权抵押贷款、林业科技推广、林权登记管理等方面的服务功能。积极培训引进专业人才，加快组建县级林权交易评估机构和评估标准流程制定步伐。三是切实加强林权纠纷调处。建立健全县、乡、村林权纠纷仲裁体系。全面落实国家林业与草原局提出的集体林业大县建立农村林地仲裁委员会，推进建立林业法律援助机制和纠纷调处制度化的部署要求，在实际工作中，积极化解各种矛盾纠纷，为各类林业经营主体的正常运营保驾护航。四是加强新型林业经营主体的征信体系建设，将各类林业经营主体纳入农村的信用体系，为市场运作和政策扶持提供基础信息支撑。五是完善森林保险制度。引导保险机构完善投保程序、简化投保手续、降低保险费率、提高赔付率，积极支持保险机构建立森林保险专业查勘平台，提高森林出险后的理赔效率。六是加快全国统一的经营权证管理办法出台，尽快将经营权证发到经营者手中，从法规政策上，保障民营林场等各类新型林业经营主体的合法权益。七是规范林地流转。探索建立动态的林地流转后承包者和经营者的利益分配机制，确保双方经济权益的双赢。各级政府必须切实加大执法力度，维护合同的有效性，坚决防止合同签订朝令夕改现象的出现，使民营林场能够大胆投入、放心经营。八是加强以民营林场为主的各类新型林业经营主体的能力建设。通过组织经营主体负责人外出考察学习、经验交流、与林业科研院所和高等院校的对接，对经营主体管理技术人员进行定期、定点、定向培训，有效提升新型林业经营主体经营管理水平和市场竞争能力。制定优惠政策鼓励林业科技下乡进场，推广实用技术。对民营林场及时进行育苗、造林、抚育、森林“三防”等方面的技术指导服务。抓好民营林场自发组织的各种行业协会的监督管理。九是妥善解决民营林场用材林划入生态公益林和天然林禁伐范围的问题。对林业经营主体林改前已经流转，林改中又兑现了政策性让利并补签了让利协议，在未征得经营者同意的情况下划入生态公益林和天然林禁伐范围的用材林，可通过两条途径去解决：第一条是调整退出；第二条是在与林地承包者经营者协商同意的基础上，由政府直接赎买或调换。十是加大对盗伐、滥伐、走私林木等犯罪行为的打击力度，依法严肃查处各类侵犯民营林场合法权益的案件，营造有利于民营林场发展的社会环境条件。

第 5 章

江西省崇义县民营林场发展的若干问题思考

2003 年，在全国范围逐步开展的集体林权制度改革，经过十余年以来的不断推进，基本完成了明晰产权、承包到户的主体改革，亿万农民获得了真正意义上的林地承包经营权、使用权和收益权，按照人口等因素，把大部分林地平均分配到千家万户，实现了林地经营的生产性问题。在集体林权制度改革主体改革完成以后，通过集体林产权制度创新有效地解决农户不愿意或难以经营的问题，发展规模经济，实现林业适度规模经营，增强林业发展活力，就成为当前和今后一个时期必须着力解决的重大课题。

近年来，全国各地在这方面开展了许多新探索和实践，江西、山东、甘肃、辽宁、吉林等省区培育发展民营林场等新型经营主体的成功经验为集体林权制度改革后林业规模化、集约化、专业化经营提供了有益的示范和借鉴。为全面了解民营林场的发展现状、经验做法和存在的问题，研究探讨如何进一步规范民营林场运作，促进民营林场这一新生事物健康有序发展，全面推广民营林场的发展模式，我们对在全国发展民营林场起步最早、成效明显的江西省崇义县进行了全面的调查研究。现就调查情况和发展民营林场的政策建议综合报告如下：

5.1 基本情况

崇义县位于江西省西南边陲，章江源头，隶属赣州市，是我国南方集体林区重点林业县，全国森林分类经营、定向培育示范县，全国山区综合开发示范县，全国绿化模范县，首届十大“中国竹子之乡”“中国南酸枣之乡”。全县面积 20.07 万公顷，其中林地面积占国土总面积的 87.7%，活立木蓄积 1386 万立方米，立竹量 1 亿株，森林覆盖率为 88.3%，年产商品材 20 多万立方米，商品竹 1000 多万根。林业是崇义农村经济发展的支柱产业和农民增收致富的主导产业。

立足当地丰富的森林资源，在 20 世纪 90 年代初，崇义县就开始了如何在确保集体林地生态效益的同时，发挥其潜在的经济效益，使资源优势转化为经济优势的大胆探索，以林地经营方式的调整为突破口，出台各种优惠政策，鼓励各种社会主体承包租赁集体林地，积极引进社会资本，在全国率先开展了以毛竹林租赁经营和人工杉木林买断经营权为主要内容的林地流转。随着林地承包者经营利润的实现，越来越多的经营者不断参与林地承包，与之对应的是，拥有自留山的农户看到长期近乎闲置的林地资源也可以获得一定的经济效益，促进林地流转。20 世纪 90 年代末期，由于受国际金融危机的影响，崇义及其周边许多原本从事其他行业的社会人员看准了森林资源潜在的商机，开始大量租赁、收购集体和个人流转的山林，成为崇义县以家庭经营山林为主业的林业大户和民营林场发展的雏形。截至 2003 年，全县林地流转面积达到 2.68 万公顷，其中租赁经营面积在 13.33 公顷以上的林业大户超过 40 多家。

新一轮集体林权制度改革开始之后，崇义林业步入了一个全新的发展阶段。到 2005 年，全县 12.13 万公顷集体林地，以自留山或责任山的形式分给了 4.1 万农户经营，户均林地 2.96 公顷。伴随着广大农民群众经营山林的巨大热情，同时出现了林地经营户多山少，各自为政，林农一家一户资金短缺、抗风险能力低、经营效益差、林区道路无人修、基础设施无人建、森林防火森林病虫害很难统一组织等问题。为有效解决林地散户经营所带来的各种问题，促进资金、技术、信息等要素向林业产业集聚，崇义县委县政府审时度势紧紧抓住部分农民租赁、收购集体个人流转的山林，开展大户经营的发展趋势，在明晰产权的基础上，按照“自愿、平等、有偿、合法”的原则，积极鼓励引导扶持林农自愿组建以家庭联户、股份合作和大户承包经营为主要形式的民营林场，并适时出台了《崇义林业产权制度配套改革若干意见》《关于加快竹业发展的意见》《关于加快油茶产业发展的意见》等一系列扶持优惠政策，设立了林业产业发展基金，从产业、资金、信贷等方面对民营林场的发展给予全方位的支持。调动了各类社会主体参与林业规模化经营的积极性，一批林业大户和社会上懂管理、会经营、有一定经济实力的有识之士，陆续加入创办民营林场的行列，到 2015 年年底，全县自主经营、自负盈亏、自我发展、自我约束的民营林场已发展到35家，经营面积在1万公顷以上的有9家，其中嘉兴民营林场和永乐林源公司被江西省林业厅列为省级林业龙头企业，成为江西省林场协会公布的全省仅10家大型民营林场名录中的2家。永乐林源公司经营山林面积达0.38万公顷，经营范围涉及8个乡19个村。全县民营林场经营总面积达到2.20万公顷，占全县林地总面积的12.6%，成为崇义县培育森林资源、发展现代林业的重要力量。

5.2　主要成效

民营林场的不断发展壮大，极大地解放了林业生产力，有效拉动了社会资本向林业的集聚效应，提高了林业经营的组织化程度和集约经营水平，加快了全县造林育林步伐，促进了森林资源的高速增长。据统计，2005 年以来，民营林场累计造林 0.52 万公顷，年均造林 466.67 多公顷，森林抚育 1.57 万公顷，年均抚育 0.14 万公顷。尤其使人感到振奋的是，长期无人问津的低质低效林进入民营林场的经营范围后，得到彻底改造成为市场抢手的高质量的用材林。计划经济时期形成的林木间伐砍大、砍壮、留小、留残的惯例，转变为民营林场的砍残、砍小、留壮、留大，实现了历史上少有的当年采伐当年更新，不留迹地和充分利用林地资源“见缝插针”造林植绿，消灭林间空地，并且造林标准高、质量好。多年倡导却一直没有得到真正实现的壮苗上山，“大穴大肥”造林，成为多数林场造林育林的现实。在资金投入上，民营林场投入造林育林和林业基础设施建设的资金达到 4.88 亿元，是国家林业重点工程同期在崇义县全部投入的将近 10 倍。其中投入林区道路、桥梁等基础设施建设的资金年均达到 400 万～500 万元。仅“永乐林源公司”一家，投入资金就达到 7580 万元。民营林场对森林资源培育在人力、物力、财力和管理上的全身心投入，取得了令人瞩目的产出效益。截至2015年年底，全县民营林场经营的山场，活立木蓄积量达到116万立方米，毛竹1140万株，木材年生产量近7万立方米。民营林场规模化、集约化经营的示范效应，影响和带动了周边村民小组和农户造林育林的积极性，新一轮商品林基地建设热潮，正在林改后的崇义林区悄然兴起。

调研发现，崇义县民营林场的发展并没有仅仅停留在造林育林的层面上。部分林场随着经营规模的不断扩大，以敏锐的战略眼光，紧盯市场的需求，陆续创办了各种不同类型和规模的育苗、珍贵树种培育、竹木加工、木材销售等林木种苗和林产加工、流通企业，初步形成了“育苗—造林—采伐—加工—销售”成龙配套的产业链条。民营林场年产值达到4000多万元，占全县林业总产值的10%。民营林场显著的经济效益和对林地需求的不断增加，助推了崇义林木、林地价格的连年攀升，林地租金由林改前的每年每亩4元至10元提高到现在的50元至70元，人工中龄杉木林每亩转让价由原来的300元提高到目前的4500元，许多农民自愿将自留山和责任山以转包或合作入股的形式流转给民营林场统一经营管理，直接从中获利或按股享受分成，有效增加了林农收入。与此同时，民营林场还为返乡农民工开辟了新的就业门路，据不完全统计，民营林场平均每年解决近7000个农民的就业岗位。在取得良好经济效益的同时获得了明显的社会效益。

5.3　基本经验

总结崇义县民营林场取得显著成绩的成功经验，主要有以下几个方面。

第一，机制灵活。一是准入门槛低。2005 年，崇义县委县政府出台的《崇义林业产权制度配套改革若干意见》明确规定：各类社会主体自愿开展家庭联户、股份合作和大户承包，经营面积在 2000 亩以上的，即可申办民营林场。二是组建不拘形式。民营林场采取何种组织形式，完全由合作各方协商确定，审批机关不做任何要求。三是经营完全自主。民营林场在引进人才、技术、资金等各种生产要素和确定企业生产、用工、分配等内部制度方面，享有充分的自主决策权。任何单位和个人不得在法律、法规、规章、规定之外，对民营林场的经营活动加以限制和干涉，不得侵犯民营林场的自主经营权。四是权益必须得到保障。民营林场通过流转取得林地经营权之后，依法享受林权抵押、评优示范、财政补助、林木采伐和其他行政审批等事项与林地承包者的同等权益。依法保障经营者的所有合法权利，确保经营者能够放心、放手、放胆经营。灵活的机制和宽松的制度环境，充分调动了民营林场经营者的积极性，民营林场业主完全把林场作为产业来投资，作为企业来经营，部分业主甚至将林场作为自己的终身事业。关田镇“白石坑民营林场”场长谢贤荣，在林场修建了住宅楼、小电站，举家搬进了深山沟，决心从长计议，世代在山上耕耘。他所经营的360公顷山林，已造用材林100公顷，培育红豆杉22万株，预计三五年后出圃销售，收入不少于1000万元。横水镇“昭宇民营林场”业主朱昭宇，用山林抵押贷款296万元，投资开通了36公里的林区公路，林场经营的林地每年可采伐毛竹6万根，年产木材1800立方米，经营利润全部投入到233.33公顷用材林基地造林。

10多年来，民营林场充分发挥民营企业机制灵活的优势，不断创新企业的融资模式，社会资本源源不断地涌入森林资源培育领域。其中较为典型的做法是，按照自愿互利的原则，在对农户山林资产评估作价后，民营林场按一定比例支付价款并作为投资股金，剩余的价款作为农户的入场股金，林木采伐后按双方投资分红。既解决了林场融资困难，需要一次性支付大额资金的问题，又规避了双方因林业生产周期长、市场变化大所带来的经营风险。据不完全统计，截至2015年年底，民营林场采取吸收民间资金入股，林权抵押贷款等方式积累筹措资金近7亿元，其中绝大部分用于林场的扩大再生产。

第二，政策优惠。10多年来，崇义县始终坚持在政策、资金、项目上向民营林场倾斜。在经营范围和经营权益上，民营林场不仅可以采取多种形式自主投资经营商品林，有权获得合法的经济效益，而且可以依法投资经营公益林，有权获得森林生态效益补偿及其他政策性补助。在林木采伐限额管理上，实行民营林场采伐计划单列。民营林场培育的工业原料林、速生丰产林，主伐年龄和方式由民营林场自主确定。在非林地上种植的速生树种，取消对民营林场的采伐计划管理，允许经营者自主采伐；在项目、资金和金融扶持上，民营林场在国家林业重点工程项目规划区内营造的林木，凡符合项目标准要求的，全部列入国家林业重点工程管理。2005年以来，国家林业重点工程用于民营林场和农户的造林资金累计达到3730万元，占全县国家林业重点工程投资总额的56.9%。民营林场营造的油茶、工业原料林、毛竹低质低效林改造等营造林项目贷款，一律享受财政贴息。民营林场申报的项目，符合省级林业发展资金、森林防火专项资金和森林病虫害防治专项资金项目申报条件的，优先予以安排。到2015年年底，全县民营林场已享受贴息资金1242万元。金融机构对民营林场的林权抵押贷款累计达到4.83亿元，大大缓解了民营林场的资金周转压力，推动了民营林场的健康持续发展。

第三，服务到位。多年来，崇义县一直坚持为民营林场提供包括登记审批、市场准入、政策咨询、法律保护、技术指导、人员培训等方面的全方位的服务。在申报登记阶段，林业主管部门都要派出专门的管理技术人员，逐山核查申报者的森林资源状况，建立营林档案卡片。根据林地资源分布现状，综合立地条件，编制以资源培育为主的长达50年的森林经营方案。聘请评估机构或相关技术人员对山场资源进行实地评估，为民营林场依法经营奠定良好的基础。在民营林场进入运营后，为提高林场的科学管理和经营水平，县林业主管部门逐场选派具有丰富实践经验的林业科技人员担任常年技术顾问，适时组织林场员工参加各种类型的科技培训，具体指导林场开展科学实验、科学技术推广，建立科技示范基地。县林业主管部门的公安、消防、有害生物防治等部门分别采取建立工作联系点、挂牌保护、聘请护林人员开展巡山护林等措施，努力为林场提供生产安全保障。

第四，管理先进。主要体现在两个方面：一是行业自律。全县35个民营林场于2012年自发组织成立了江西省第一个民营林场协会。协会成立以来，坚持以为民营林场服务为宗旨，坚持行业自我管理、自我约束，及时总结交流民营林场经营管理的先进经验，开展成员单位之间的技术协作，积极引进、推广森林资源培育的新技术、新模式、新项目，全力开展林（竹）木资源培育单位之间的技术协作，开展对民营林场的信息咨询和人员培训服务，为成员单位引进技术、引进人才、引进资金牵线搭桥，组织建立协会成员单位“互助基金会”，与县农村信用社开办“林业信贷通”，基金会与信贷通运行不到一年时间即为民营林场融资2000多万元。在此同时，协会还适时向政府相关部门反映民营林场的意见诉求，提出行业发展战略、发展规划、技术经济政策、管理措施等方面的意见建议，维护民营林场的合法权益，督促民营林场合法经营。成为民营林场连接政府的桥梁纽带和民营林场规范运作、科学管理、不断发展的重要推手。二是政府监管。为强化对民营林场产业协会的监督管理和经营指导，县林业系统党委书记、林业局局长受聘担任了协会的名誉会长。在日常工作中，县林业局作为政府的职能部门，定期、不定期地组织召开产业协会、民营林场和相关部门联席会议，及时研究解决民营林场的重大问题。坚持引导民营林场模范执行国家的法律法规，执行县委、县政府的林业产业政策，协助政府主管部门搞好林业资源培育，维护林区生产秩序，引领林业产业健康有序发展，树立民营林业企业良好形象。

5.4　存在问题

任何新生事物都有一个发生、发展、逐步完善的过程。崇义县民营林场作为集体林权制度改革后出现的发展林业规模化经营的一种新的模式，尽管获得了很大的成功、受到社会各方面尤其是农民群众的普遍认可，但从民营林场发展现代林业，适应社会主义市场经济的高度分析，无论是其内部运行机制，还是外部社会环境，还存在着许多需要着力解决的矛盾和问题。

从民营林场的本身的情况来看，普遍存在员工素质差、管理水平低，技术力量薄弱，组织结构不尽完善，经营理念落后的问题。民营林场多为家族式管理，林场业主大多为农村有一定经济头脑的农民或者是从其他行业进入林业行业的人员，多数缺乏林业经营管理经验。在笔者对崇义县随机抽取的 12 户民营林场中，12 位林场业主只有 1 位具有大学学历，其余均为初高中或相当于初高中学历。从组建民营林场成立前从事的职业看，仅有 3 位具有与经营林场有一定关联的木材加工和经商销售木竹经历，其余 9 位基本上是从农村小本生意做起逐步发展起来的自由职业者。12 户样本林场的 89 名管理人员具有大学学历的只有 13 人，仅占管理人员总数的

14.6%。在包括林场业主在内所有管理人员中，具有专业技术职称者完全空白。企业经营管理粗放，产业经营的思路不宽，多数民营林场的经营还停留在造林育林的层面，森林旅游、特色林果、林下经济等林业产业的潜力还没有得到应有挖掘，以致出现了运行了10多年，仍有相当数量的民营林场至今效益不尽理想乃至亏本经营的问题。

从民营林场的外部环境来看，政府层面的政策扶持、资金支持、社会服务还存在许多断层。其中民营林场反映较为强烈。

一是民营林场与国有林场在获得国家政策性补贴上的差距。在国有林场普遍享受的森林抚育和造林补贴，安排在民营林场的只有很小的部分。森林抚育和造林补贴试点实施以来，全县35户民营林场只有4户获得同时两项补贴，1户获得造林补贴，两项补贴合计金额为355万元。

二是国家实施的林业重点工程只有造林方面的补贴，没有造林营林投资比重最大的林业基础设施的补贴。

三是对生态林、生态公益林、人工珍贵树木采伐、移栽管得过死。

四是森林采伐限额管理某些规定对森林资源培育和林业经营造成制约。主要表现在采伐指标过少和主伐期规定时间过长。崇义县至今沿用按照数量成熟标准制定的采伐人工杉木林林龄25年、松树林林龄40年的规定。部分民营林场业主反映，20世纪80年代营造的杉木林林龄长达30多年，早已超过规定的采伐期限，但由于采伐指标的限制，经营者只能排队等候采伐限额指标。

五是对民营林场经营权能的范围和政策保障还需要进一步明确和强化。民营林场林权变更登记滞后，特别是在林改之前流转的林地，与林改后林权登记的面积、四址界线不符的问题较为严重。作为民营林场经营凭证的林地、林权流转证尚未颁发，其生产经营活动主要依据流转合同和林权证复印件进行安排。

六是林地流转、林权交易服务平台建设有待加强。

七是林业产业生产经营周期长，投资回收慢，民营林场资金压力大，林权抵押贷款、贷款贴息门槛高，而且多为 1 ~ 3 年的短期贷款，贷款利息居高不下，年息高达 12% 以上，严重挤压了民营林场的效益空间。在社会层面，林地流转历史遗留和林改后因林地价格、林地再流转征求林地林木资源原权利人意见缺失等原因引发的林权纠纷，是困扰民营林场顺利经营的较为突出的难题。另外，相当比例的农民观念陈旧，部分农民宁可让林地闲置不产生任何效益也不愿意参与流转，对林场经营规模的扩大和林业经营集约化的实现形成制约。

5.5 结论讨论

崇义县培育发展民营林场的成功实践充分证明，民营林场作为集体林权制度改革分林到户后，实施林业规模化经营的一种新的模式，有利于提高林业经营的集约化、专业化程度，合理配置林业生产要素，推动完善农村集体林所有权、承包权、经营权三权分置，提升林业发展的水平和质量；有利于调动林农积极性，大力培育和有效保护森林资源，提高森林覆盖率和森林质量；有利于降低林业经营成本，提高经营效益，增加林农收入。尽管其在运行过程中还存在着许多不尽完善和需要加以改进的问题，但这些问题都是前进中、发展中的问题，同时也是通过进一步深化改革完全可以得到解决的问题。从集体林地经营模式的优劣势看，民营林场较之于目前不少地方创办的股份制合作林场、林业合作社的成员众多、经营相对分散、意见难以统一的模式，更加符合我国现有的林业生产力发展水平和林业规模化的经营方向。从民营林场的发展潜力看，民营林场这一新生事物的出现，本身就是市场在资源配置中发挥决定性作用的产物。随着林业产业市场的逐步向好，会有越来越多的林农在利益机制的驱动下将林地流转到民营林场，也会有越来越多的有识之士加入创办民营林场的行列。

而伴随民营林场经营规模扩大的必然是规模效益的增加。林农与民营林场之间的良性互动，加之政府林业政策的不断完善和扶持力度的不断加大，在林农和林场利益都得到保障的情况下，民营林场的不断发展壮大就会成为历史的必然。

5.6 政策建议

5.6.1 加大政策扶持力度，鼓励引导民营林场快速发展

第一，要全力保障民营林场林地经营权的权能。在全面落实集体林地集体所有权和农民承包权的基础上，从法律和制度上明确民营林场林地经营权权能。林业主管部门要努力克服林地流转积累问题多、拖延时间久、工作量大等困难，下决心从根本上解决流转林地界址不清、四至不符、承包者与经营者林权纠纷等问题，协助林地承包者和民营林场完善林权流转合同。在此基础上，对流转取得的林地经营权进行确权登记，颁发林权流转证，明确赋予流转证按照流转合同约定享有林权抵押、担保、贷款，评优示范、享受财政补助、林木采伐和其他行政审批事项等权益，使民营林场作为林地经营者的权益得到有效保护。

第二，要切实加大对民营林场的财政、税收和金融扶持力度。一是加大财政资金支持力度。赋予民营林场与国有林场同等的享受国家有关造林、林木良种、低质低效林改造、森林抚育、森林生态效益等项补贴待遇的权利。中央和地方政府要逐步将林业基础设施建设投入、纳入财政补贴

范围，并且实现补贴资金对包括民营林场的各种新型林业经营主体的全覆盖。全力扶持民营林场发展森林旅游、特色林果、林下经济等绿色富民产业。将对民营林场开展林药、林菌、养生休闲、景观利用等林业产业的资金扶持列入各级财政预算。二是加大金融扶持力度。进一步降低对民营林场林权抵押和林业贷款贴息款门槛，支持地方政府建立一定规模的贷款担保基金，为民营林场和各类林业经营主体提供必要的贷款担保服务，同时切出一块资金专门用于对民营林场和各类林业经营主体的贷款贴息。国家有关发展农业的各种中长期、低利率贷款和山区综合开发贷款要面向民营林场。积极争取世界银行、亚洲银行、亚洲投资银行等国际贷款。结合金融改革，积极发展小额贷款公司，引导民间资金投入林业。鼓励引导金融机构完善针对民营林场等新型林业经营主体的信贷、保险支持机制，针对不同林种、树种的生产周期创新金融产品和服务，逐步建立起适应林业生产特点、经营者愿意借贷、金融机构敢于放贷的林业金融支持体系。三是加大税收的改革力度。对民营林场开展的第二、第三产业在创业阶段免收各种税费。

第三，进一步改革森林采伐限额管理制度。一是商品林木材采伐管理的发展方向要由数量成熟向经济成熟转变，按照所编制的经营方案自主采伐，由审批制转向备案制，采伐以后立即更新造林。二是从森林资源培育和林地经营的实际出发，本着既有利于资源再生产，又有利于提高林地利用率、产出率、盘活资金实现商品林经济效益最大化的原则，适当缩短林木的采伐周期。三是适当加大到期人工用材林采伐量，减少天然用材林采伐量，以利于人工林适时采伐更新。四是适当增加采伐限额。原则上依据林木生产周期、造林面积曲线决定到期可采面积，再以单位面积产材量来编制近期采伐限额。五是实行民营林场采伐限额单列。按照经林业部门审查通过的民营林场经营方案所列的采伐计划，足额安排采伐。在条件成熟时，完全放开对民营林场的采伐限额。六是在实践中积极探索适度放宽生态林、生态公益林，人工珍贵树种采伐、移栽限制的管理办法。

5.6.2 加强社会化服务体系建设，助推民营林场不断发展壮大

一是加强对民营林场生产经营活动的服务。各级人民政府尤其是县乡两级政府和其所属的林业主管部门要将对民营林场的服务制度化，通过网络服务平台、微信公众平台等方式，适时为民营林场提供技术指导、市场信息、法律援助、林产品销售、有害生物防治、森林管护、森林防火、森林经营方案编制等全方位的服务。从解决民营林场在生产经营中存在的突出问题着眼，突出抓好对民营林场科学管理、集约化经营的指导，协助民营林场编制完善科学合理的经营方案。方案的编制要按照扩大森林面积、增加森林蓄积、提高森林质量、实现经济效益最大化的要求，涵盖经营理念、经营方针、技术措施、经济效益和采伐、造林数量、林种结构调整等内容，并量化为年度实施计划。方案由林业主管部门审核批准后由民营林场按照市场规则、市场变化具体操作。林业主管部门负责对方案实施进行监督，不干预林场具体的生产经营活动。

二是加强对民营林场的能力建设和科技服务。首要的问题是解决好民营林场管理决策人员能力的提升。各级林业主管部门要适时组织民营林场

业主和经营管理人员参加各种学习培训、外出考察、经验交流等方面的活动，督促指导民营林场管理决策人员在实践中不断学习、不断增强适应市场经济、科学经营的水平和能力；切实加强对民营林场的业务指导，协助民营林场建章立制、规范运营；实行民营林场业主持证上岗制度，逐步提高民营林场业主的职业化水平；对民营林场的科技服务，要重点抓好科技人才的培养和引进；充分挖掘地方教育资源，通过举办各种类型的培训班，在当地职业中专、职业高中开设林业专业班等措施，提高民营林场现有技术人员科技水平，着眼长远，为民营林场培养一批留得住、用得上的林业科技后备人才。与此同时，各级林业主管部门要协助民营林场与大专院校、科研单位“结对子”“攀亲戚”，搭建合作平台，院校为林场培养人才，林场为院校提供教学科研基地；制定优惠政策鼓励林业科技下乡进场，推广实用技术；对民营林场及时进行育苗、造林、抚育、森林“三防”等方面的技术指导服务；抓好民营林场自发组织的各种行业协会的监督管理，为其开展工作提供各种便捷有效的指导服务。

三是加强林地林权流转管理和山林纠纷调处，为民营林场发展保驾护航。加快建立林权管理服务和森林资源评估机构，建立完善多级联网的集林权初始登记与变更登记、林权交易报价、林权档案查询、林权抵押评估、林权交易台账、统计分析等多种功能于一体的林权交易服务平台，切实规范林权流转行为。积极创造条件建立农村林地仲裁委员会和林业法律援助机制，推进县、乡、村林地承包经营纠纷仲裁体系、纠纷社会化调处工作制度建设。加强对林地流转规范化的监督检查，细化流转程序的法律法规要求，明确流转双方的责任权利，从制度上保证林地流转的合法规范。林业主管部门对林地的承包和经营权证实施动态化管理，林地流转后必须及时办理相关证书。坚持各级政府对山林纠纷调处决定的文本化，严格限制林权纠纷的私下了结。加大对盗伐、滥伐、走私林木等犯罪行为的打击力度，依法严肃查处各类侵犯民营林场合法权益的案件，努力营造有利于林场发展的社会环境。

第6章

川桂闽浙赣五省区国有林场改革现状问题及对策

2018 年 5 月下旬，国家林业和草原局经济发展研究中心在江苏省南京市召开了由 9 个省市自治区及其所属的 18 个县（市、区）财政和林业部门负责人参加的“2018 年度林业改革课题调研经验与成果交流座谈会”。全国 7 个国有林场改革试点省中的浙江、江西和非试点地区的四川、广西与福建等 5 省区交流了国有林场改革的进展情况。本章分析其中 5 省区的国有林场改革的发展现状、经验做法与存在问题，并就如何进一步深化国有林场改革及巩固其改革成果提出一些政策建议。

6.1　改革现状

6.1.1　主要成效

截至 2018 年 5 月底，在 5 个省区中，浙江省和江西省已完成国有林场改革并通过了国家国有林场改革试点验收，进入以全面提升国有林场科学发展水平为目标的“建设现代化国有林场”和“创建省级示范林场”的发展阶段；福建、广西两个省区改革的各项主体任务已基本完成；四川省的主体改革正在稳步推进。

第一，国有林场生态公益功能定位得到确立，管理体制有效理顺。目前，已全面完成国有林场整合重组的江西、浙江、福建和广西 4 个省区，国有林场由改革前的 921 个重组为 608 个，改革后的国有林场定性为公益型事业单位 533 个，占林场总数的 87.7%（其中，公益一类 346 个，占公益型事业单位总数的 64.92%；公益二类 187 个，占公益型事业单位总数的 35.08%）；定性为企业 75 个，占林场总数的 12.3%。按照精干高效的原则，4 省区全部完成了财政拨款事业编制的重新核定工作。据统计，广西、福建和江西三省区的国有林场，改革前的事业编制为 53021 人，改革后重新核定为 29559 人，减编 44.25%。江西、福建和浙江三省所有公益性事业林场事业经费全部纳入同级财政预算。广西壮族自治区改革后的 148 个国有林场分别有 98 个和 42 个被核定为财政全额和差额保障单位。从管理体制、资金来源与人员编制属性上，确立了国有林场的生态公益功能定位，为国有林场放手履行保护培育森林资源、维护国家生态安全职能建立了坚实的体制机制保障（见表 6－1）。

表 6－1　　四省区国有林场整合重组重新核编情况统计表

单位：个、人、%

省区	机构整合重组					人员重新核编			
	整合前	整合后	其中			原有事业编制	核编后		
			公益一类	公益一类	企业		重新核定编制	减少编制	减编率
江西	425	227	143	51	33	21000	7374	13626	64.9
浙江	109	100	50	47	3	n. a	2850		
广西	175	148	54	85	9	24593	17728	6865	27.8

续表

省区	机构整合重组					人员重新核编			
	整合前	整合后	其中			原有事业编制	核编后		
			公益一类	公益一类	企业		重新核定编制	减少编制	减编率
福建	212	133	99	4	30	7428	4457	2971	40.0
合计	921	608	346	187	75	53021	32409	23462	44.2

注：福建省人员重新核编栏为省属企业数据，其余 3 省为全省数据；n. a 表示未统计。

第二，国有林场政企事分开，社会职能剥离基本到位。5 省区省级国有林场管理机构全部明确为公益一类事业单位。国有林场造林、抚育、间伐与管护等生产活动全面引入市场竞争机制，采取合同、委托、承包或招标等形式，面向社会购买服务，基本实现了一般性用工的社会化。四川省成都、眉山和泸州等市把经营性业务从林场剥离，实行市场化运作，建立了森林资源有偿使用制度，社会资本利用林场资源开展的森林旅游等经营项目，与国有林场实行收益分成。国有林场及其职工利用森林资源发展生态产业，实行收支两条线，收入主要用于林场生态保护和基础设施建设；广西壮族自治区制定出台了国有林场事企分开的具体意见，在国有林场内部推进事企分开，场办企业实行独立经营。整合了自治区人造板企业和营造林项目，组建了广西国旭林业发展集团股份有限公司和广西国控林业投资股份有限公司；江西、广西两个省区的 159 所场办医疗单位和义务教育学校全部剥离到位。在解决国有林场代管村的问题上，福建省取得重要进展，厦门市同安区的汀溪国有林场和漳州漳浦中西国有林场的代管村已正式移交属地管理；福州市闽侯县的南屿国有林场的代管村剥离问题在积极协调中。

第三，民生保障得到全面落实。5 省区通过国有林场改革，大部分地区将国有林场职工工资和社会保险纳入财政预算管理，与当地同类事业单位职工同等待遇，工资水平大幅度提高。国有林场职工全部按规定参加养老、医疗等社会保险并享受相应待遇。

江西省国有林场在全部纳入事业单位管理后，在岗职工和退休退养职工月收入从2011年的1000多元提高到3000多元。养老保险、医疗保险实现应保尽保。在此基础上，为7万多名职工的危旧房改造提供了资金补助，林场职工长期以来住房难、就医难、子女上学难等问题得到有效解决。

浙江省养老保险率、医疗保险率同步实现100%。四川、福建两省国有林场职工实现了“五险两金”“五险一金”全覆盖。对林场富余职工的安置，四川省坚持不搞强制性买断，不搞一次性下岗分流，保持了林场职工队伍的稳定。浙江和福建两省采用定编不定人的灵活方法，通过自然减员逐步向定编过渡，未出现1名新的下岗人员。江西和广西两省区在充分尊重职工意愿的基础上，通过提前退休、离岗退养、政府购买服务、林地承包、自主择业等多种途径，已妥善分流安置7654名富余职工，占应分流安置富余职工总数的37.35%。

第四，生产生活条件明显改善。林场债务得到一定程度化解：改革期间，各级地方政府采取各种措施，多渠道筹集资金，积极化解国有林场各类历史债务，有效保障和改善了民生。广西壮族自治区通过不良资产打包政府回购方式，化解了国有林场不良债务4.8亿元，对国有林场欠缴的1.1亿元育林基金实行了挂账处理；浙江省累计补发拖欠职工工资0.64亿元，偿还地方借款等欠款0.58亿元；江西省为国有林场化解各类债务数额16.58亿元。

基础设施建设得到加强：据不完全统计，改革以来，江西、浙江、福建、四川 4 省区总计为国有林场投入基础设施资金 14.3 亿元，累计改造职工危旧房 94593 户（套），工区、管护站点生产生活用房面积 14.6 万平方米；修建硬化林区道路 5006 千米；改造升级输电线路 124.7 千米；实施饮水新建改造工程近千项；解决了 15.65 万名林区职工和居民饮水困难和不安全问题（见表 6－2）。

表 6－2　　川闽浙赣四省国有林场改革以来基础设施建设情况

省区	总投入（万元）	职工危旧房改造（户套）	工区、管护站点生产用房改造（万平方米）	新修道路（公里）	改造升级输电线路	解决林区职工饮水困难不安全（万人）
四川	0.5829	1230	—	663.1	102.7	0.15
福建	0.3000	16204	—	2971.9	—	—
浙江	8.3800	5159	8.6	641.0	—	—
江西	4.8600	72000	6.0	730.0	22.0	15.50
合计	14.1229	94593	14.6	5006.0	124.7	15.65

产业链条有所延伸：充分利用丰富的森林资源和良好的生态环境，浙江省国有林场大力发展森林休闲旅游业、林下经济和高效生态产业；国有林场建立国家级森林公园 31 个、省级森林公园 39 个，明显提升其发展活力；四川省国有林场大力开展种苗培育、发展花卉苗木、林下种养业、林产品加工等多种经营，1800 户职工参与种植养殖和旅游服务，年均增收近万元。

第五，资源保护得到加强。5 省区国有林场改革以来，通过大力造林、科学营林、严格保护等多项措施，取得了森林面积、森林蓄积量持续增长，商业性采伐明显减少，森林管护逐步加强的显著成效。

浙江省严格执行国家及省政府有关法律和政策规定，着力加大国有林场森林资源资产保护力度，严防国有林场森林资源资产被随意收缴、归并、侵占，近年来，没有发生任何破坏森林资源的案件，全省国有林场森林覆盖率由改革前的91.0%提高到目前的92.2%，增长1.2个百分点；森林蓄积量由改革前1860万立方米提高到目前的2054万立方米，增幅达到10.43%。商业性采伐得到严格控制，“十二五”期间，国有林场的森林采伐限额总量为32.9万立方米，实际采伐量仅为限额总量的38.6%。

福建省省属国有林场两年建设森林经营示范林21.5万亩，培育国家战略储备林6.9万亩，培育特殊及珍稀林木0.98万亩，增加森林面积14万亩，实施森林抚育186.7万亩。森林蓄积量达到4853万立方米，比国有林场改革前增加406万立方米，增长了8%；林分亩均蓄积量9.11立方米，比国有林场改革前增加0.32立方米，增幅2.4%，比全省林分亩均蓄积6.68立方米的水平高出2.43立方米。2017年商业性采伐比国有林场改革前减少30.3%，提前超额完成了《国有林场改革实施方案》提出的到2020年商业性采伐减少20%左右的目标。

江西省国有林场森林资源培育力度明显加大，2016年，全省国有林场完成造林25万亩，低产低效林改造164万亩，中幼林抚育108万亩。商品木材采伐量由220多万立方米减少至80多万立方米，减少幅度达到63.6%，远超出了国有林场改革预定的目标。与此同时，省财政将国有林场公益林补助标准提高到每亩20.5元，一些市县财政还安排了国有林场公益林管护专项经费，有效提高了森林资源管护力度。

6.1.2 经验做法

第一，强有力的组织领导是确保改革取得成功的首要条件。5省区国有林场改革之所以取得显著成效，其中最重要的一条经验就是各级党委政府对改革的高度重视和坚强领导。江西省将国有林场改革列入各级政府重要议事日程，并层层签订目标责任状，将改革所有环节的工作具体落实到具体的单位和个人；省政府及时制定出台了《关于推进国有林场改革的指导意见》，同时成立了由政府主要领导负责，林业部门牵头，发展和改革委员会、财政、人力和社会保障、编制办公室等相关部门参加的改革领导小组，专门负责对改革的组织实施和检查指导。

浙江省政府连续出台了《关于加快推进现代国有农林渔场建设的若干意见》《关于加快推进国有林场改革试点工作的意见》和《关于加快推进林业改革发展全面实施五年绿化平原水乡十年建成森林浙江的意见》等一系列政策文件，对国有林场的定性定位、编制经费、管理体制和社会保障、总体目标、主要任务以及全面深化改革，推进现代国有林场建设等均做出了明确的规定。2015 年 12 月，省委、省政府在全省林业工作会议上将“现代国有林场建设”列为浙江“十三五”林业八项重点工作任务之一。2016 年，把“现代国有林场建设”纳入《浙江省林业发展“十三五”规划》。创建活动取得明显进展，截至 2017 年年底，经严格考核验收，省林业厅已经正式命名了 15 个“浙江省现代国有林场”。2017 年，省政府通报表彰了全省 50 个国有林场改革先进集体和 100 名先进个人，对国有林场改革的进一步深化，发挥了极大的示范激励作用。

福建省在省、市、县成立国有林场改革领导小组的基础上，为加强对改革的具体指导，各级林业主管部门相应成立了由主要领导任组长的国有林场改革工作小组；省委省政府正式印发了《福建省属国有林场改革实施方案》和《福建省县属国有林场改革指导意见》；省政府还专门召开全省国有林场改革电视电话会议，对全省国有林场改革进行动员部署。各有关部门积极配合，合力推动改革的深入发展。福建省林业厅及时制定了具体的贯彻落实措施，提出并监督实施了“双增一减”目标任务；福建省发展和改革委员会积极参与改革方案编制指导，并在国有林场基础设施建设等方面给予全面支持；福建省编制办公室适时出台了《中共福建省委机构编制委员会办公室关于贯彻省属国有林场改革实施方案有关机构编制问题的意见》等多项政策性文件，对国有林场的人员编制进行了科学核定；福建省财政厅在财政保障上给予全力支持，明确从2016年起每年安排省属国有林场事业费1亿元；省交通厅对省属国有林场道路情况进行了深入的调查摸底，积极推动林区道路纳入当地发展规划；各区市县党政领导全面细化改革工作措施、强化各项改革举措落实，在财政资金保障、林场基础设施建设、发展林业产业等方面制订了一系列支持政策，推动了国有林场改革的持续深入发展。

第二，科学布局是改革取得成功的重要因素。中共中央、国务院颁发的《国有林场改革方案》重要的原则之一就是因地制宜和分类施策。正是由于有了这样一条原则，才有了地方党政首创精神的充分发挥；有了各地在改革总体目标和改革方向与中央保持一致基础上，根据当地经济社会发展水平，林业生态建设实际相适应的改革方案选择；有了各地在林场公益类别划分、富余人员分流安置、产业发展方向、市场化运作模式等方面丰富多彩的改革模式；有了浙江省率先通过国有林场改革试点验收，率先实现贫困国有林场全部脱贫，率先开展现代国有林场创建活动的先进样板；

有了社会各方面对国有林场改革的一致认可和肯定。

第三，关注民生是改革取得成功的根本保证。相信群众、依靠群众、把改革的话语权、决策权交给群众。5 省区国有林场改革之所以能够按照预定的目标顺利推进并取得重要成果。其中，关键原因在于：在改革过程中始终坚持相信群众、依靠群众的基本原则，让群众全程参与改革，林场的经济怎么发展、机构怎么设置、人员怎么分流等涉及职工切身利益的重大问题全部交由职工讨论决定。因此，改革每一阶段工作的推进与每一项决策的最终确定能够获得职工群众的一致认可和支持。

始终坚持改善民生、保持稳定的原则，着力稳定提高职工的生活水平。5 省区通过国有林场改革，国有林场纳入事业单位管理，职工收入水平较大幅度的提高；医疗、养老等职工最关心的切身利益获得的保障；多个省区对减编人员不搞强制性买断，不搞一次性下岗分流，在国有林场改革中，全力解决职工的工资拖欠以及住房、用电、饮水、出行等多方面的困难，所有这一切都体现了国有林场改革改善民生，维持稳定的根本宗旨。在对富余职工的分流安置上，江西省本着既有效解决国有林场存在的人浮于事、职工长期待岗在外就业的弊端，又最大限度地维护职工的合法权益的原则，在实践中创立了非常成功的经验。他们的做法为：对符合特殊岗位提前退休条件的职工办理提前退休；对不符合提前退休条件的“4050”人员，办理内部离岗退养；对自主就业、自愿解除劳动关系的，采取货币补偿、林权承包与股权分配等方式给予安置补偿；对缺乏自主创业条件的职工，实行内部转岗就业，对林场造林、抚育与管护等岗位，优先聘用已分流人员；同时，鼓励林场通过组建股份制林场、造林公司与半专业扑火队等措施，积极创造就业条件，为分流人员提供更多的就业岗位，确保每一位分流人员都能有一个较为固定的生活来源。浙江省从不断加大投入着手，着力加强林场基础设施建设，增强国有林场自我发展能力入手，全面开展国有林场扶贫。截至2016年年底，全省48个贫困林场全部摘去贫困林场帽子，职工人均收入达到9.1万元。

第四，创新机制是国有林场改革发展的治本之策。在国有林场改革实践中，5省区特别注意体制和机制创新，既为改革的顺利推进开辟了道路，又为林场的长远发展奠定了政策制度基础。综合各地在机制创新方面的经验做法，主要有以下几个方面。

一是创新财政保障机制，将绝大部分国有林场定性为公益服务事业单位，实现了国有林场发展模式由木材生产为主向生态修复和建设优先的转变；将国有林场的事业经费纳入财政预算、根据需要适时核拨专项资金，实行“收支两条线”管理，县（市、区）政府对改革资金承担兜底责任，国有林场基本建设列入当地国民经济发展规划，从根本上破解了国有林场改革和发展的主要瓶颈；将职工养老、医疗、失业、工伤、生育保险和住房公积金全部纳入社会统筹，解决了国有林场职工最大的后顾之忧。

二是创新用人机制，普遍建立了以聘用制为主的新型用人制度，基本实现了由身份管理向岗位绩效管理的转变。

三是创新管理机制，通过整合重组，剥离林场办社会职能，减少了机构设置和管理层级，降低了生产管理运营成本，推进了适度规模经营；引入市场竞争机制，建立了以购买社会服务为主的用工机制，优化了国有林场的资源配置。

四是创新森林经营机制，强化了森林经营方案编制与实施，初步建立了以提高森林质量和严控林木采伐为核心内容的森林经营制度。

五是创新发展机制，积极探索包括股份合作、承包经营、引入社会资本发展林下经济、森林旅游、休闲、康养等转型发展模式并取得了很好效果。

六是创新对解除劳动关系人员经济补偿方式。江西省部分地区将对分流安置人员经济补偿金折算成林地林木面积，入股组建股份合作制林场，由国有林场统一经营、按股分红，直至退休，或将经济补偿金折算为个人应缴纳的社会保险费用，由林场分年度代为缴纳。有效减轻了改革当期成本支付压力。

七是创新森林资源监管考核机制。福建省制定出台了《福建省国有林场管理办法》《福建省国有林场森林资源管理办法》与《福建省省属国有林场场长森林资源离任审计暂行办法》等一系列规章制度，明确将国有林场林地保有数量与资源增长目标纳入对设区市政府的考核内容；将国有林场森林资源稳定与增长、森林资源经营管理等指标纳入国有林场场长离任审计内容，从源头上加强了森林资源的保护管理。

6.2 目前存在的问题

6.2.1 改革进展尚欠平衡

部分地区尚处于主体改革阶段，个别县市至今没有出台国有林场改革实施方案。截至2018年5月底，四川省仍有70个国有林场改革方案没有上报备案。少数地区将国有林场改革简单地等同于上一轮事业单位分类改革，在国有林场的性质定位、资金保障、人员分流安置、机制转换等重大问题上久拖不决，改革推进缓慢，造成职工多次上访。

6.2.2 政策落实尚不到位

中央和各省市自治区明确提出的将国有林场水利、电力、道路、信息网络等基础设施建设列入当地相关建设规划的政策规定，在部分县市没有得到应有的贯彻落实。市由于地方财力差，广西壮族自治区的部分县的林场债务重与国有林场职工欠缴“五险一金”资金高达5.38亿元。富余职工离岗退养安置资金只能由林场代为支付，资金困难无力支付的林场只能坐等财政的补发。大部分县市财政预算仅安排了林场的人员经费，林场护林防火、营林生产等业务费用不能及时下达，林场持续发展乏力。部分退休职工由“企”转“事”养老医疗保险至今尚未接轨，全区尚有 32 家国有林场没有落实机关事业单位养老保险制度；14 家林场职工未能获得城镇职工医疗保险待遇。四川省的个别地区也存在难以落实改革方案所确定的人员编制、办公经费和绩效奖励等改革举措的问题。

6.2.3　基础设施仍较落后

由于多数国有林场地处偏远山区，基础设施建设投入需求大，加之历史欠账较多，林场基础设施仍较落后。江西和福建两省的统计数据显示：截至 2016 年年底，省国有林场尚有 1.2 万多公里的林区（防火）道路需要维修改造；1000 多个管护站点属危旧房需要重建改建；133 个林场场部未通互联网，信息化程度低。此外，还有不合格饮用水管道、通电线路需要改造。经初步测算，仅福建省就需要投入超过 10 亿元的建设资金。国有林场本身无力承担如此巨额投资，基础设施落后面貌难以改变。

6.2.4　债务负担依然沉重

截至 2016 年年底，江西省国有林场仍有 16 亿元债务没有化解；广西国有林场负债更是高达 197.1 亿元，其中，金融负债 124.4 亿元，拖欠社保缴费约 15 亿元，其他债务 57.7 亿元，严重制约了国有林场的可持续发展。

6.2.5 森林资源监管缺位

广西少数县市已经或者准备将国有林场森林资源资产划入政府国有投资平台抵押入股融资普遍存在林地出租面积过大、租期过长、租金过低的问题。同时，国有林场林地被非法侵占的问题也比较严重，截至2017年年底，被占面积210万亩，占林场场内林地面积的比例高达12%。

6.2.6 专业技术人才缺乏

由于国有林场生产生活条件艰苦，待遇偏低，招录人员困难，原有技术人才不愿久留，导致国有林场专业技术人员严重缺乏。江西省林业厅提供的数据显示，到2016年年底，该省国有林场大中专以上学历职工占在职职工的24%，具有初级以上职称的专业技术人员占在职职工的21%，虽比国有林场改革前有所提高，但人才缺乏的局面尚未根本扭转。

6.3　促进与完善国有林场改革的政策建议

6.3.1　切实加强对国有林场改革的领导和检查指导

一些地区国有林场改革起步较晚，改革难度比较大的地区，要建立健全党政主要领导对改革的负责制，按照中央和省级党委政府的统一部署，层层落实责任，推进改革各项工作的尽速开展。一些尚在进行国有林场改革的地区要进一步加大统筹协调、指导督导力度，认真总结国有林场改革先进典型经验，加强改革典型宣传，充分发挥先进典型的引领示范作用。对照国有林场改革方案认真开展查缺补漏，全面不折不扣地完成国有林场改革任务。大多数已经完成国有林场主体改革任务的地区，要切实抓好国有林场改革的检查验收，发现问题、及时整改，确保改革目标的全面实现。

6.3.2　全面落实对国有林场的各项扶持政策

一是各级党委政府要把对已出台的对国有林场包括财政投入、社会保障、人员编制、基础设施建设和债务化解等项扶持政策的落实，列入对基层党政组织和相关部门的实绩考核，严格奖惩兑现，确保每项政策的落地生根。二是林业主管部门要主动出击，积极争取各级党委政府督查法制部门、各级人大对扶持国有林场的法规政策开展专项执法巡视检查。同时，加强与有关部门的沟通协调，努力争取各项政策的落实到位。

6.3.3 切实加大对国有林场的财政金融扶持力度

一是建立和完善各级财政对国有林场经费保障和与财政收入增长幅度相一致逐年增加对国有林场投入的政策机制。二是将国有林场基础设施建设、生态保护修复和森林资源培育列入中央和地方财政的投资专项。三是在试点的基础上，逐步实行林业重点工程对大型国有林场计划单列。四是金融部门将公益林纳入抵押物范围，放开对国有林场的林权抵押贷款，扶持国有林场不断发展壮大。

6.3.4 加强国有林场森林资源培育

一是科学编制国有林场森林经营方案，大力实施低产低效林改造、大径材和珍稀树种、优良乡土树种培育，提高林场森林质量，促进国有林场科学发展。二是大力开展场外营造林，探索集体林地和森林经营托管制度，带动提高集体林经营管理水平，发展壮大国有森林资源。三是探索建立森林资源消长评价考核制度，建立国有林场森林资源监管信息平台，完善国有森林资源保护网络。

6.3.5　推进国有林场生态产业发展

依托国有林场森林资源和生态优势，建立国有林场森林资源有偿使用制度；对国有林场发展森林旅游、林下经济和森林康养等生态产业给予必要扶持，推动林场转型发展。

6.3.6　全面提升国有林场管理水平

推广浙江省建设现代国有林场的先进经验，努力打造示范林场；建立和完善国有林场绩效管理制度和新的用工制度；着力强化内部管理，不断提高国有林场的科学管理水平。

第7章

国家重点生态功能区转移支付相关问题研究

——以甘肃五县、内蒙古二县为例

7.1 引　言

为促进生态文明建设，确保国家生态安全，统筹区域发展，调动地方政府加强生态保护力度，2008 年中央财政设立国家重点生态功能区财政转移支付资金；2008～2014 年，中央财政累计下拨国家重点生态功能区转移支付 2002.5 亿元（本书采用现价，下同）。转移支付政策涵盖了《全国主体功能区规划》限制开发区域中的 25 个国家重点生态功能区和禁止开发区域划定的 1443 个国家级自然保护区、世界自然遗产地、青海三江源自然保护区等 3 个区域以及河北环京津生态屏障、珠穆朗玛峰等 2 个区域。截至 2015 年，享受国家重点生态功能区转移支付的县市总计 512 个，区域总面积约 545 万平方公里，占全国陆地面积的 56.7%。

国家重点生态功能区直接影响国家生态安全和未来国土开发格局。该项转移支付是迄今为止中央对经济落后、生态环境重要地区所给予唯一、直接性、持续性与集中性的资金补助。在对甘肃、内蒙古自治区 7 县调研的基础上，本书深入分析了该项转移支付政策实施以来国家重点生态功能区转移支付是否为国家重点生态功能区功能发挥做出了贡献；是否实现了引导所在地政府加强生态环境保护和提高基本公共服务保障能力的双重目标；具体到转移支付资金的政策导向性、标准测算、调节力度与资金使用中的监管等方面存在哪些问题。对这些问题的深度分析，有助于厘清现行该项转移支付资金使用过程中存在问题，并为巩固政策实施成果和提升未来资金使用效率提供政策建议。

本章选取了内蒙古自治区大小兴安岭森林生态功能区、甘肃省祁连山冰川与水源涵养区7个县开展调研。通过查阅有关转移支付资金使用情况的相关文件，并与相关政府部门进行座谈，对生态功能区财政转移支付资金的使用情况及资金的拨付、使用建议等进行了认真总结和梳理。

7.2 国家重点生态功能区与林业之间的关系

国家重点生态功能区的建设与林业发展之间存在相互促进的关系：一方面，作为最大的陆地生态系统，森林生态系统具有涵养水源、水土保持、防风固沙和维持生物多样性等生态功能，对重点生态功能区保护和修复生态环境、提供生态服务具有重要的作用；另一方面，重点生态功能区财政转移支付政策的实施，为林业生态建设提供了良好条件和保障，有利于把我国生态区位重要的江河源头和长江、黄河上中游地区以及发挥重要生态屏障的重点国有林区纳入国民经济和社会发展之中，进一步加强保护与建设。

国家重点生态功能区包括限制开发区域和禁止开发区域两个部分。其中，《全国主体功能区规划》又将 25 个限制开发的国家重点生态功能区划分为 4 种类型，分别是水源涵养、水土保持、防风固沙和生物多样性维护。各生态功能区确定的建设方向均是通过开展天然林资源保护、退耕还林、宜林荒山荒地人工造林、飞播造林、封山育林、低效林改造以及各种公益林体系建设，同时，把恢复野生动植物物种和种群的平衡，实现野生动植物资源的良性循环和可持续管理作为发展目标，力争在区域范围内扩大天然林面积、提高森林覆盖率、增加森林蓄积量、恢复和增加野生动植物物种。4 种类型生态功能区建设的核心紧紧围绕保护森林和恢复植被展开。

表 7－1　限制开发的国家重点生态功能区类型及基本发展方向

类型	生态功能区名称	基本发展方向
水源涵养	甘肃南部黄河水源补给功能区 若尔盖草原、湿地功能区 三江源草原、草甸、湿地功能区 阿尔泰山地、森林、草原功能区 长白山森林功能区 大小兴安岭森林功能区 祁连山冰川水源涵养功能区 南岭山地、森林及生物多样性功能区	禁止非保护性的采伐森林，封育天然植被、恢复草原或湿地、植树造林、涵养水源
水土保持	黄土高原丘陵、沟壑水土保持功能区 大别山水土保持功能区 桂黔滇喀斯特石漠化防治功能区 三峡库区水土保持功能区	控制开发强度、实施生态移民、恢复植被、植树造林
防风固沙	阿尔金草原荒、漠化防治功能区 塔里木河荒漠化防治功能区 呼伦贝尔草原、草甸功能区 浑善达克沙漠化防治功能区 科尔沁草原功能区 阴山北麓草原功能区	控制放牧和过度开垦、恢复天然植被、加强综合治理
生物多样性维护	三江平原湿地功能区 川滇森林及生物多样性功能区 武陵山区生物多样性和水土保持功能区 秦巴生物多样性功能区 藏西北羌塘高原荒漠功能区 藏东南高原边缘森林功能区 海南岛中部山区热带雨林功能区	保护森林、草原、湿地、野生动物，恢复生物多样性

资料来源：2010 年《全国主体功能区规划》。

《全国主体功能区划》中划定的国家禁止开发区域共计 1443 处，总面积约 120 万公顷，占全国陆地面积的 12.5%，共包含 5 种类型，分别为世界文化自然遗产区、国家级风景名胜区、国家级自然保护区、国家森林公园与国家地质公园等。其中，国家级自然保护区 319 个（林业系统自然保护区有 245 个），占陆地国土面积的 7.23%；国家森林公园 738 处，占陆地国土面积的 1.05%。林业系统自然保护区和森林公园合计占陆地国土面积的 8.28%。因此，从区域范围分析，林业系统类型的重点生态功能区约占其总面积的 2/3，林业生态建设会直接影响重点生态功能区作用的发挥。禁止开发的重点生态功能区，其基本发展方向是控制人为因素对自然生态和文化自然遗产原真性、完整性的干扰。严格保护森林、草原植被，保护湿地，保存珍稀动植物基因资源，是实现这些区域生态功能的重要举措。

7.3 国家重点生态功能区转移支付政策出台意义

2008年，国务院在全国生态调查的基础上发布了《全国生态功能区划》，分析了生态特征、系统服务、敏感性，建立三级生态功能区划体系，标志着我国生态环境治理进入全面、深层次、系统性治理阶段；2009年，国家财政部以经济发展水平、生态环境重要性、敏感性为依据，出台了《国家重点生态功能区财政转移支付办法》，其主旨为加强生态功能区的社会经济与生态环境建设。2011年，国务院发布了《全国主体功能区规划》，全国国土空间被统一划分为以优化经济社会发展、资源利用的区域优化开发主体功能区，以经济条件较好、生态承载力较强、发展潜力较大的重点开发主体功能区以及以生态重要但生态承载力较弱的限制开发主体功能区和依法设置的各类自然保护为主的禁止开发主体功能区四大类，并将限制开发主体功能区和禁止开发主体功能区列为国家重点生态功能区。保护和管理重点生态功能区，对于保障国家和地方生态安全具有重要意义。

国家重点生态功能区多数既是我国贫困人口的集中分布区，又是生态环境比较脆弱的区域。在国家主体生态功能区框架内，原有“靠山吃山，靠水吃水”的地区为实现主体生态功能，一方面相关污染型产业相继被迫停业或进行产业转型，失去了部分经济发展机会，财政收入骤减；另一方面还要为生态恢复和建设承担相应的成本。课题组调研的甘肃省天祝县，为保护和恢复森林与草原生态系统服务功能，政府相继采取了禁伐、禁牧、生态移民等措施，导致大量移民和农村剩余人口出现，需要妥善安置和给予相应补偿，地方政府财政压力骤增；同时天祝县政府还要承担封山育林、森林防火管护、草原防风固沙、涵养水源、草地管护等方面的建设任务，无疑又增加了地方财政的压力。地方政府在短期内实行生态功能区建设，既增加了地方政府的负担，也限制了地方经济的发展，从机会成本的角度来看，地方应该得到补助和补偿。

重点生态功能区转移支付能缓解主体生态功能区的经济发展、民生改善与生态环保之间的矛盾，对保持社会和谐稳定具有重要作用。课题组调研的甘蒙 7 个县域，基础设施建设滞后、经济发展落后、产业结构单一、地方财政收入有限，较多贫困地区长期依靠中央和省级财政转移支付，来维持行政正常运转和基本民生服务。重点生态功能区建设进程中，以牺牲所处区域经济发展的正当权利为代价，必然会加深区域经济发展、民生改善与生态保护之间的矛盾。对于当地政府而言，除非在短期内能看到经济发展机会的牺牲，能够得到上级政府的大规模补偿或者其他方面利益的支持，并且能很快改变地区的财政和经济发展状况，这样才能从根本上抑制地方上马污染企业项目的冲动。为促进生态环境保护建设，在缺乏横向转移支付和其他资金来源的情况下，生态功能区财政需要中央财政或上级政府相关的政策支持。

生态服务具有很强的外溢性，属于公共产品或准公共产品。从经济学的角度来看，合理的经济付出就要有回报。在市场交易机制比较完善的国家，通过市场交易机制，生态服务对生态保护给予付费补偿，可以调动生态保护者的积极性。目前，我国尚未建立生态付费制度和相关交易方案，生态服务无法通过市场进行交易。对主体生态功能区实行中央财政转移支付，实质上，就是政府购买这些地区所提供的生态服务，有效引导国家重点生态功能区地方政府强化生态保护，弥补生态服务市场交易机制不足。

7.4　我国主体生态功能区转移支付进展

2008 年，财政部对国家重点生态功能区实行财政转移专项支付，对地方生态保护和公共服务能力建设进行补助，以保障地方政府公共服务能力的提升和引导地方政府积极进行生态保护建设。目前，我国主体生态功能区转移支付进展呈现以下几个方面的特点：

7.4.1　转移支付制度逐渐完善

2009 年，财政部为保障生态安全和基本民生服务，引导地方政府开展生态环境建设，出台了《国家重点生态功能区转移支付试点办法》（以下简称《支付办法》）（财预〔2009〕433 号，用于规范资金的使用，2010 年沿用 2009 年《支付办法》；2011 年、2012 年、2014 年相继对《支付办法》进行了修订，进一步修改和完善了资金使用、分配与补助范围等内容，具体变化如下。

第一，补助区域范围扩大。生态环境持续恶化，受到社会广泛关注。2009 年，环保（局）部联合多部门经过多次调研、技术分析和测算，确定首批划入重点生态功能区财政转移支付的区域应该满足的条件：一是生态重要，二是生态外溢性较强，三是生态环境保护较好。2011 年，国务院出台了《全国功能区规划》，文件确定了国家重点生态功能区转移支付试点对象为所在地市县级政府；并同时对转移支付范围进行了调整，明确了限制开发区和禁止开发区为享受财政转移支付的主体区域；对环保部出台的《全国生态功能区划》中划定的其他国家生态功能区，只给予建设主体适当引导性补助。2012 年，在保持原有支付范围不变的基础上，开展了生态文明示范工程试点，只通过专项活动对生态环境保护较好的地区给予适当奖励性补助。2009 年和 2011 年出台的政策均明确指出：不享受均衡性转移支付省市的国家重点生态功能区不纳入试点范围，2012 年的政策没有对此方面加以说明，但从国家重点生态功能区转移支付资金测算公式中来看，以县财政缺口为测算基数，只有县财政存在缺口情况下，才能享受均衡性转移支付，主要为平衡地区的获得公共基本服务的均等化，给予国家重点生态功能区转移支付资金（列在均衡性转移支付项下）支持，即使 2012 年的新政策没有明确说明，享受均衡性转移支付的约束条件依然存在。2014 年，财政部为加强生态环境保护，推进基本公共服务均等化，增加河北环京津生态屏障、西藏珠穆朗玛峰等区域内的 20 个县纳入国家重点生态功能区转移支付范围，享受转移支付的县市已达 512 个。详见表 7－2。

表 7－2　　国家重点生态功能区补助范围变化

所属范畴	补助范围
《支付办法》（财预〔2009〕433 号）	国务院或环保部等部门确定的生态重要、外溢性较强、保护较好的地区作为生态功能区给予财政或者其他方面的支持。并且以省区或者市、县乡、镇政府作为补助试点，其中不享受均衡性转移支付的省市国家重点生态功能区不在试点范围内

续表

所属范畴	补助范围
《支付办法》（财预〔2011〕428 号）	在 2009 年所确定的国家重点生态功能区试点补助对象的基础上，增加了青海三江源自然保护区、南水北调中线水源地保护区、海南国际旅游岛中部山区生态保护核心区等，以及《功能区规划》中限制开发区域（重点生态功能区）和禁止开发区域
《支付办法》（财预〔2012〕296 号）	环保部在 2011 年补助范围的基础上，对新增加的国家重点生态功能区给予引导性补助，开展专项生态文明示范工程试点，给予试点的市、县工作经费补助和奖励性补助
2014 年沿用 2012 年《支付办法》（财预〔2012〕296 号）	财政部将河北环京津生态屏障、西藏珠穆朗玛峰等区域内的 20 个县纳入国家重点生态功能区转移支付范围

资料来源：2009 年、2011 年、2012 年《国家重点生态功能区转移支付资金办法》；http://finance.people.com.cn/n/2014/0701/c1004-25224327.html，2014。

第二，支付力度逐年加大。2008 年以来，我国对重点生态功能区实施中央财政转移支付，每年支付资金总量和县域平均应获资金量呈现逐年增加趋势。2008 ~2014 年，中央财政累计下拨国家重点生态功能区转移支付资金共计 2002.5 亿元。2008 ~2014 年分别为 60.5 亿元、120 亿元、249 亿元、300 亿元、370 亿元、423 亿元和 480 亿元。平均每个县级行政区获得的补助额从 2008 年的 1340 万元增加到 2014 年的 9375 万元（见图 7 -1）。

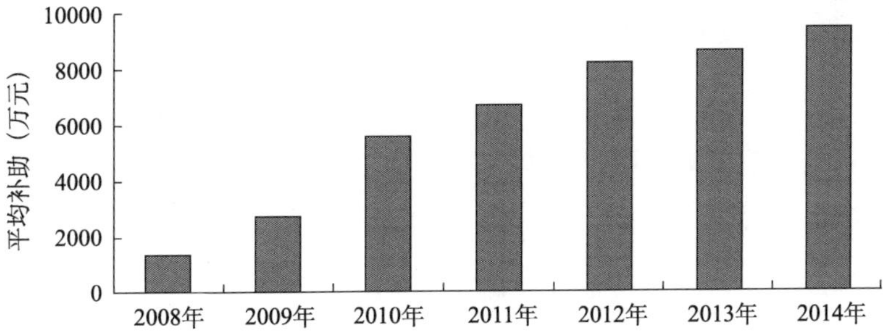

图 7 -1　县域平均获得补助资金数量变化

第三，资金分配测算办法。2009 年、2011 年和 2012 年的国家重点生态功能区转移支付办法中的资金分配测算公式不断调整。2009 年，资金分配主要通过地方政府财政收支缺口来进行测算；2011 年，主要增加了禁止开发区补助和省级引导性补助，用于补偿被禁止开发后失去的机会成本和引导地方政府积极进行生态保护；2012 年，在资金分配测算中，增加生态文明示范工程试点工作经费补助（见表 7－3），这是针对生态环境保护建设开展的专项活动。

表 7－3　　国家重点生态功能区转移支付的分配公式

年份	文件名称	分配公式
2009 年	《支付办法》（财预〔2009〕433 号）	某省（区、市）国家重点生态功能区转移支付应补助数＝{Σ该省（区、市）纳入试点范围的市县标准财政支出－Σ该省（区、市）纳入试点范围的市县政府标准财政收入}×（1－该省（区、市）均衡性转移支付系数）＋纳入试点范围的市县政府生态环境保护支出×补助系数
2011 年	《支付办法》（财预〔2011〕428 号）	2011 年资金测算分配方案：在 2009 年测算分配基础上增加禁止开发区补助和省级引导性补助两项
2012 年	《支付办法》（财预〔2012〕296 号）	2012 年资金测算分配方案：2012 年开展生态文明建设专项活动，增加了“生态文明示范工程试点工作经费补助”，同时把 2011 年资金测算分配中的“纳入转移支付范围的市县政府生态环境保护特殊支出”扣除

资料来源：2009 年、2011 年、2012 年《国家重点生态功能区转移支付资金办法》。

第四，监督考核办法。2009 年，《支付办法》中明确规定监督考评办法：“省级政府要做好资金分配和监管工作。享受转移支付的基层政府要将资金重点用于环境保护以及涉及民生的基本公共服务领域。为提高转移支付资金使用效益，财政部将定期会同有关部门对国家重点生态功能区转移支付分配情况和使用效果进行评估”。关于资金分配情况，主要由资金到位率和省级对下转移支付情况构成；资金使用效果，按照环境指标（EI）体系的两个方面进行测算，具体而言：一是环境保护指标和环境治理指标两个方面：环境保护指标主要全由林地、草地、耕地、物种丰富度以及植被覆盖率等相关指标衡量；环境治理指标主要通过工业污染、COD、固废以及有害气体排放情况和优良以上空气质量达标率、Ⅲ类或优于Ⅲ类水质达标率来衡量。二是基本公共服务：学龄儿童净入学率、参加城镇居民基本医疗保险人口比例等衡量民生保障情况的相关指标。

2009 年、2011 年《支付办法》中的监督考评方案相同。2012 年的监督办法由原来的资金分配和资金使用的流程和到位情况进行监督和检查，调整为针对资金的使用效果进行评估。生态环境质量的考核继续延用 EI 体系，财政部联合环境保护部等部门对限制开发等国家重点生态功能区所属县进行生态监测与评估。

第五，激励约束办法。2009 年《支付办法》给出指导性激励约束方案：一是根据 EI 体系测算结果和评估，认定不同原因导致生态环境持续恶化的处罚与奖励措施也不尽相同：非不可控因素导致的，暂缓下拨 20% 该项资金，生态环境改善后下拨；其他原因导致恶化的，其中连续 3 年持续恶化的，下年度不再享受该项资金补助，待生态环境恢复到之前一年时，重新纳入转移支付范围，如果生态环境质量达不到 2009 年水平，追回奖励性补助；对生态环境明显改善的地区给予适当奖励。二是根据对基本公共服务指标评估进行扣减：多项指标出现下降的不重复扣减，且单项指标下降直接扣减 20% 。

2010 年、2011 年激励约束办法与 2009 年相同。2012 年对激励约束办法进行了调整，明确规定生态环境明显改善的县适当增加转移支付；环境恶化的县将全额扣减转移支付，尤其针对持续恶化的地区并且不能达到 2009 年水平的，除了按照规定处理，还要追回相应的奖励资金；生态环境质量轻微下降的县将被扣减其当年的转移支付增量。

7.4.2 国家重点生态功能区运行取得的治理效果

2012年、2013年和2014年《国家环境状况公报》公布的生态功能区治理考核数据显示：生态功能区生态环境治理，呈现出生态改善与生态恶化并存的格局。重点生态功能区划使部分区域地方政府明确了所在区域的定位，在区域经济发展中有所为有所不为，对环境污染项目的限制和环境治理力度的加强使部分区域生态环境呈现出了改善的势头；与此同时，部分地区的经济增长还是以牺牲生态环境作为代价的，2012～2014年《国家环境状况公报》数据显示，环境变差区域比例增加了10%，增幅较大（见表7－4）。生态环境趋于稳定的区域比重年波动较为明显，表明我国生态环境的稳定性较差，当务之急的是要优先选择重点突出的生态功能区进行治理。

表7－4 国家重点生态功能区生态环境质量变化

项目／年份	考核县域数量（个）	生态环境质量变化							
		变好（个）	比重（%）	稳定（个）	比重（%）	变差（个）			比重（%）
						轻微	一般	明显	
2012年	452	58	12.8	380	84.1	12	1	1	3.1
2013年	466	26	5.6	424	91	16	0	0	3.4
2014年	492	69	14	355	72.2	49	15	4	13.8

数据来源：2012年、2013年、2014年《中国环境状况公报》。

7.5　案例研究

7.5.1　案例点基本概况

根据《全国主体功能区规划》，2012 年，甘肃省与内蒙古自治区分别出台了《甘肃省主体功能区规划》和《内蒙古自治区主体功能区规划》。国家层面和甘肃省主体功能区规划中明确指定甘肃省国家重点生态功能区包括：祁连山冰川与水源涵养生态功能区、甘南黄河重要水源补给生态功能区、黄土高原丘陵沟壑水土保持生态功能区、秦巴生物多样性生态功能区。《全国主体功能区规划》与《内蒙古自治区主体功能区规划》确定内蒙古自治区国家重点生态功能区包括大小兴安岭生态功能区、呼伦贝尔草原草甸等 5 个生态功能区，肩负着北部地区水源涵养、防风固沙、生物多样性等重要生态功能，其中大小兴安岭生态功能区是我国重要的生态屏障和水源涵养区。

根据财政部《国家重点生态功能区财政转移支付办法》，甘肃省于 2010 年出台了《甘肃省生态功能区财政转移支付办法》；内蒙古自治区于 2009 年出台了《内蒙古自治区生态功能区财政转移支付办法》；2010 ~ 2015

年两个地区在转移支付办法实施过程中均进行了不同程度的改进与调整。

调研组选取了内蒙古自治区额尔古纳市和牙克石市与甘肃省金塔县、永昌县、天祝县、民乐县、敦煌市7个国家重点或省级生态功能区作为调查案例点。

选取内蒙古自治区森林覆盖率较高、经济相对发达典型的资源型城市——位于大小兴安岭生态功能区的额尔古纳市和牙克石市开展调研工作。大小兴安岭生态功能区对保持水土、调蓄洪水、生物多样性、调节华北东北气候具有不可替代的生态功能。同时，由于其得天独厚的地理位置与资源禀赋，成为我国重要商品粮和畜牧业生产基地的天然屏障。

祁连山冰川与水源涵养生态功能区是位于青海省东北部与甘肃省西部边境的巨大山系，分布有丰富的冰川、雪山、森林、湿地和草地资源，现有大小冰川2859条，冰储量811.2亿立方米，祁连山北麓形成了石羊河、黑河、疏勒河三大内陆河和56条大小支流。其水源涵养、防风固沙、土壤保持的生态功能极其重要但生态也较脆弱。我们选取了位于该重点生态功能区的金塔、永昌、天祝、民乐、敦煌5县市（案例点的基本情况见表7-5）。

7.5.2 甘肃省、内蒙古自治区国家重点生态功能区财政转移支付办法比较分析

第一，补助区域范围。根据2010年甘肃省出台的《甘肃省2010年生态功能区财政转移支付办法》，划定补助区域范围时考虑到本省生态脆弱区较多，县级地方政府环境治理资金缺乏，报经财政部批准后，在维持中

表7-5　案例点各县（市）基本情况

所属生态功能区名称	县（市）	行政区域面积（万平方千米）	人口（万人）	生产总值GDP（亿元）	自然生态指标（%）					主要生态问题
					林地	草地	水域	耕地和建筑用地	未利用地	
大小兴安岭生态功能区	额尔古纳	2.89	83.00	44.30	67.00	17.00	—	16.00	—	原始森林开发过度，生态退化，现有次生林生态系统保水保土生态功能不强
	牙克石	2.76	43.00	227.10	67.00	2.60	27.50	2.90	—	林木资源锐减，生态系统遭到破坏，草地资源质量严重下降；矿产资源大规模持续开发利用，环境污染和生态破坏也逐渐加剧
祁连山冰川与水源涵养生态功能区	金塔	1.67	16.00	69.90	0.50	1.03	6.87	4.55	86.71	裸地、沙地（沙漠）、盐碱地比重占比大，生态环境恶劣，全县的土地面临严重侵蚀
	永昌	0.74	23.50	65.59	17.44	48.72	0.52	12.94	—	林地、草地质量不高，年降雨量较低，水源涵养功能不强，戈壁地貌面积较大，土地沙化威胁严重，受侵蚀威胁性较重
	天祝	0.71	17.50	43.51	42.86	48.85	0.42	7.87	—	滩地，耕地草场逐年退化且有盐渍化、荒漠化趋势，草地生物根系枯竭极为严重，水源涵养功能受到严重威胁。自然条件恶劣，林牧矛盾突出，生态修复难度大
	民乐	0.37	23.00	41.28	23.19	47.33	2.78	19.48	9.07	自然条件恶劣，森林、草地质量不高，土地沙化现象严重，农牧退耕还林、还草困难，矛盾突出，水源涵养能力不强，生态修复困难
	敦煌	3.12	14.30	99.50	27.88	11.59	7.11	1.66	51.78	自然条件恶劣，水资源严重困乏，沙漠、裸地、盐碱地面积过大，严重侵蚀本地区或者相邻地区，生态屏障功能较弱

资料来源：2014年、2015年各县《统计年鉴》和各县《自查报告》。

央总体拨付资金不变的前提下，把划定的省级生态功能区纳入到国家重点生态功能区补助范围，分摊国家重点生态功能区转移支付资金，并按照国家重点生态功能区进行考核，补助范围比较广。鉴于此，甘肃省补助范围无年度变化。

根据2009年内蒙古自治区出台的《内蒙古自治区2009年生态功能区财政转移支付办法》，内蒙古自治区严格遵循国家划定的补助范围和紧跟国家政策要求进行补助，其中内蒙古2009年对于经济状况好于自治区平均水平的只拨付100万元（见表7-6）。

表7-6　甘肃省、内蒙古自治区重点生态功能区补助区域范围

甘肃省	内蒙古
国家层面给予财政转移支付的生态功能区（县、区、市）； 省政府确定的限制开发、禁止开发的重点生态功能区； 生态保护较好的县（区、市）； 承担生态环境保护与治理任务较重的市（州）本级； 省政府批准纳入转移支付范围的其他县（区、市）和市（州）本级 2013年、2014年同2012年	《全国主体功能区规划》确定的国家层面限制和禁止开发的重点生态功能区； 环保部《全国生态功能区划》不在上述范围的其他重要生态功能区所属县； 发改委、财政部、国家林业局《生态文明示范工程试点》市、县 2013年、2014年同2012年

资料来源：甘肃省、内蒙古自治区2009年、2011年、2012年国家重点生态功能区转移支付办法。

第二，资金测算办法比较。2010年，甘肃省开始实施生态功能区财政转移支付，2010~2012年的测算办法采用影响因素方法，在2013年以后的测算公式中，新增了生态文明示范工程试点补助和省政府确定的重大项目：被征地农民养老保险省级补助资金。

2009~2011年，内蒙古自治区根据各地区的环保投入和民生投入的基础上进行资金测算，2012年以后，采取国家重点生态功能区转移支付等于基数加上增量奖惩方法进行测算（见表7-7）。

表 7－7　甘肃省和内蒙古自治区国家重点生态功能区资金分配测算办法比较

甘肃省（2010 年起实施）	内蒙古（2009 年起实施）
2010～2012 年测算办法相同，其为：某县（区、市）生态功能区转移支付应补助数 =（∑该县（区、市）标准财政收支缺口 × 该因素权重 × 补助系数 + 总人口数 × 该因素权重 × 补助系数 + ｛（林地面积 ×0.9 +（国土面积 − 林地面积）×0.1）｝ × 该因素权重 × 补助系数 + 移民影响生态环境保护特殊之处 × 该因素权重 × 补助系数 + 财政自给能力 × 该因素权重 × 补助系数 + 生态功能区生态环境保护特殊支出	2009 年到 2010 年测算办法相同，其为：某旗县国家重点生态功能区转移支付应补助额 = 自治区国家重点生态功能区转移支付可供分配额 ×（该旗县财力缺口额/Σ 全区重点生态旗县可用财力缺口额 ×0.8 + Σ 该旗县自有财力安排环境保护与生态治理支出/Σ 全区重点生态旗县环境保护与生态治理支出 ×0.2）
2013～2014 年测算办法相同，其为：某县（区、市）生态功能区转移支付应补助数 =（∑该县（区、市）标准财政收支缺口 × 该因素权重 × 补助系数 + 总人口数 × 该因素权重 × 补助系数 + ｛（林地面积 ×0.9 +（国土面积 − 林地面积）×0.1）｝ × 该因素权重 × 补助系数 + 移民影响生态环境保护特殊之处 × 该因素权重 × 补助系数 + 财政自给能力 × 该因素权重 × 补助系数 + 生态文明示范工程试点补助 + 纳入转移支付范围的县（市、区）政府生态环境保护以及保障民生方面特殊支出 + 省政府确定的重大项目被征地农民养老保险省级补助资金	2012～2013 年测算办法相同，其为：国家重点生态功能区转移支付 = 基数 + 增量 基数 = 上年补助额，增量标准的界定由对国家重点生态功能区给予的限制开发补助和禁止开发补助以及环境建设奖励和示范工程工作补贴等项之和构成（示范工程补贴标准市级 300 万元，县级 200 万元） 2014 年测算办法为：国家重点生态功能区转移支付 = 基数 + 增量 + 奖惩 基数 = 同 2012 年、2013 年政策 增量 = 同 2012 年、2013 年政策 奖惩 = 一次性奖励、全额扣减、扣减增量

资料来源：甘肃省、内蒙古自治区国家重点生态功能区转移支付资金办法。

第三，资金使用的监督考评。两省区都是采用 EI 进行考评：甘蒙转移支付政策规定，省财政部门将委托相关部门采取常规监测、不定期抽查等方式进行环境质量的监控，每 3 年对生态环境状况进行全面评估，但从内蒙古 EI 监测数据缺失较多的情况进行分析，环境质量监测在该区域的执行有悖于政策制定的要求；在资金投入比例方面，国家没有明确规定环境保护投入与民生支出之间的权重，两省区在各自《支付办法》中也没有明确规定。但具体使用过程中，甘肃省财政对专业支付用于环境保护投入与民生支出间比例进行了要求，环境保护的投入比例逐渐上升，2013 年规定环境保护投入不低于 60%，2014 年则规定不低于 70%。内蒙古没有确定此比例（见表 7－8）。

第四，资金使用的激励约束。甘肃省与内蒙古自治区对于环境持续恶化的地区，都采取了暂缓下达转移支付资金或扣减下年转移支付资金的约束政策，对列入中央核定环境质量下降的区域，都采取全额扣减转移支付或扣减增量的惩罚措施。对于生态环境明显改善的地区，两省区相继制定了激励政策：甘肃省的激励政策进行的较早，2009～2014 年，对生态环境明显改善的地区，给予适当奖励；内蒙古在转移支付政策伊始，没有制定环境改善激励政策，2014 年起开始对生态环境明显改善的旗县给予一次性奖励；社会公共服务方面，甘蒙都在《支付办法》中明确规定，公共服务相关指标下降的旗县（市、区），扣减 20% 支付金额（见表 7－8）。

表 7－8　资金使用的监督考评与激励约束机制

	监督考评	激励约束机制
甘肃省	1. 资金安排：（1）在民生领域分配专项转移支付资金时，为保障基本民生，要求对享受该项转移支付资金市县的补助比例不低于财政状况相同地区的水平；（2）此项转移支付不计入财力。 2. 资金使用情况：资金是否到位和使用范围合理。由省财政进行专项检查进行核查。 3. 资金使用效果：（1）环境保护和治理：县域生态环境指标 EI 体系；（2）基本公共服务：国家规定指标。省财政部门委托相关部门采取常规监测、不定期抽查及每 3 年对生态环境状况进行全面评估。2010 到 2012 年监督考核方法相同 2013 年跟以前方案主要不同在以下两个方面：（1）资金使用中的环保支出与民生支出的比例不低于 6∶4。2014 年在资金使用中的环保支出与民生支出的比例不低于 7∶3。（2）对资金使用效果每年进行不定期抽查	1. 根据生态环境改善与恶化程度的县市，给予适当奖励或者惩罚：（1）由不同原因导致生态环境持续恶化的处罚措施也不尽相同：非不可控因素导致的，暂缓该项资金的下拨，生态环境改善后下拨；其他原因导致恶化的，下年度不再享受该项资金补助，待生态环境恢复到之前一年时，重新纳入转移支付范围；（2）对生态环境明显改善的地区给予适当奖励。 2. 根据对基本公共服务指标进行评估进行扣减：多项指标出现下降的不重复扣减，且单项指标下降直接扣减 20% 3. 对违规使用资金，用于楼堂馆所建设、购买小汽车、“形象工程”、“政绩工程”的，省政府将予以扣减转移支付力度，情节严重的，取消享受转移支付资格。 采取激励约束措施后，各地实际享受的转移的支付数额加上该市县（区、市）奖励补助数

续表

	监督考评	激励约束机制
内蒙古	1. 资金安排：与甘肃省资金使用安排相同。 2. 资金使用情况：资金是否到位和使用范围是否合理由自治区财政进行专项检查进行核查。 3. 资金使用效果：（1）环境保护和治理：县域生态环境指标 EI 体系；（2）基本公共服务：国家规定指标。省财政部门委托相关部门采取常规监测、不定期抽查及每 3 年对生态环境状况进行全面评估。2009 到 2014 年相同	1. 对盟市政府减少国家重点生态功能区所在旗县支付力度，自治区按照转移制度总金额 10% 扣减。 2. 对生态环境恶化地区，按照一定比例暂缓下达补助金。持续恶化旗县，下一年停止补助。净入学率等民生指标下降的，扣减 20% 支付金额。 2009 年到 2013 年政策相同。 2014 年新政策：（1）生态环境明显改善或考核工作开展较好地区给予一次性奖励；（2）对列入中央核定环境明显变差、一般变差、轻度变差地区名单的，采取全额扣减转移支付或扣减增量的惩罚措施

资料来源：甘肃省、内蒙古自治区国家重点生态功能区转移支付资金办法。

7.5.3　资金到位情况

2009 年以来，案例县（市）该项转移支付资金使用，从此次调研统计资料显示，主要用于生态环境保护和基本公共服务的两个方面。下面对甘肃省和内蒙古自治区对于国家重点生态功能区的资金到位情况进行详细说明。甘肃省基本公共服务支出资金主要投向于生态移民补助、移民区水电路基础设施建设、产业培育、设施农业及与生态功能区建设相关的教育、卫生、体育、廉租房建设以及失地农民养老保险购买等社会事业的发展。2013 年以前，甘肃省 5 县（市）资金用于基本公共服务远远大于生态环境保护，以金塔县 2011 年为例，两者比例仅为 0.047：1。2011 年金塔县投资金塔光电产业园基础设施建设 1170 万元、城区道路改造 507 万元、城市集中供热改造 880 万元，占全年拨付给金塔县国家重点生态功能区转移支付资金比重的96%左右，大部分都用于经济建设或基本民生服务，用于环境保护的支出较少。从调研其他的国家重点生态功能区的市（县）来看，都存在基本公共服务支出挤占环境保护支出的问题。为保证国家重点生态功能区转移支付资金的规范使用，2013年，甘肃省财政厅明确规定要求用于生态环境保护支出与基本公共服务支出不低于6∶4；2014年，规定了两者比例不低于7∶3。2013年以后，享受转移支付资金的国家重点生态功能区县，用于生态环境保护支出大于基本公共服务支出（见表7－9）。2009～2015年，额尔古纳市资金用于基本公共服务大于生态环境保护领域，但分配比重呈现逐年减小趋势，用于生态环境保护的资金支出逐渐增加。由于森工集团剥离人员较多，牙克石市全部安排到地方，由地方财政负责开支，地方财政压力骤然增加。牙克石市向自治区政府申请，自治区政府同意把各年度拨付国家重点生态功能区财政转移支付资金全部用于基本公共服务建设。因此，在2009～2015年期间，牙克石市的生态环境保护的支出为0（见表7－9）。

表7－9　　案例点资金总量以及分配比重

	县（市）获得转移支付资金总额（万元）						
	2009年	2010年	2011年	2012年	2013年	2014年	2015年
额尔古纳	3839	4650	4976	5753	5852	6273	6262
牙克石	12568	14256	14499	15105	15164	16349	16310
天祝	—	5424	4227	4907	5442	6577	7605
永昌	—	2550	2887	3621	4262	4262	5777
民乐	—	4540	9470	3140	4614	4614	5070
金塔	—	—	2677	2875	3453	4508	—
敦煌	—	3485	2385	2972	3100	4340	—
额尔古纳	0.08∶1	0.32∶1	0.43∶1	0.34∶1	0.33∶1	0.52∶1	0.54∶1
牙克石	0∶1	0∶1	0∶1	0∶1	0∶1	0∶1	0∶1
天祝	—	0.07∶1	0.05∶1	0.27∶1	0.4∶1	2	—
永昌	—	0.5∶1	1.2∶1	0.57∶1	0.8∶1	1.1∶1	5.7∶1
民乐	—	0.15∶1	0.61∶1	0.87∶1	1.2∶1	2.7∶1	—

续表

	县（市）获得转移支付资金总额（万元）						
	2009 年	2010 年	2011 年	2012 年	2013 年	2014 年	2015 年
金塔	—	0.7 : 1	0.05 : 1	1.0 : 1	5.6 : 1	3.1 : 1	—
敦煌	—	—	5.0 : 1	1.0 : 1	4.0 : 1	1.6 : 1	—

数据来源：各县《自查报告》和根据《自查报告》数据计算得到"—"表示该项数据缺失。

7.5.4　民生改善情况

案例县（市）2009 ~ 2014 年基本公共服务指标变化情况见表 7 – 10。从表 7 – 10 中可以看出，案例县（市）学龄儿童净入学率维持在 100%，略高于国家的平均水平。案例点的小学、初中、高中的升学率都提高较快，教育质量改善明显。享受国家重点生态功能区转移支付资金的甘肃 5 县（市），2010 ~ 2014 年每万人口医院床位数逐年增加，但到 2014 年天祝县、金塔县尚略低于全国平均水平；永昌县到 2014 年每万人口医院床位数仅为 28 张，远低于全国 48.5 张的平均水平；敦煌和民乐略高于国家平均水平。额尔古纳市每万人口医院床位数一直保持在 55 张左右，比国家平均水平高 10 个百分点。在城镇居民基本医疗保险方面，额尔古纳、天祝、永昌、金塔、敦煌、民乐等县市参保率逐年提高。由于额尔古纳与敦煌市经济相对发达，两市的城镇居民基本医疗保险参保率比较接近或超过国家平均水平。但甘肃省其余 4 县，经济欠发达，虽然城镇居民基本医疗保险参保率提升较快，但与国家平均水平相比，仍有较大差距，尚需进一步关注。在参加新型农村合作医疗保险方面，2010 年以后，呈现逐年上升的趋势，且甘肃 5 县市参保比例远远高于国家平均水平。总体而言，案例点的基本公共服务水平呈上升趋势，表明国家重点生态功能区财政转移支付资金对当地基本公共服务建设起到了促进作用。

表 7－10　　　县（市）基本公共服务目标方面的考核

指标＼县域	年份	内蒙古自治区		甘肃省					全国平均
		额尔古纳	牙克石	天祝	永昌	民乐	金塔	敦煌	
学龄儿童净入学率（%）	2010	100.0	100.0	100.0	100.0	99.8	100.0	100.0	99.7
	2011	100.0	100.0	100.0	100.0	100.0	100.0	100.0	99.8
	2012	100.0	100.0	100.0	100.0	100.0	100.0	100.0	99.8
	2013	100.0	100.0	100.0	100.0	100.0	100.0	100.0	99.9
	2014	100.0	100.0	100.0	100.0	100.0	100.0	100.0	99.8
每万人口医院床位数（个）	2010	49.0	—	28.0	24.0	46.0	26.0	42.0	35.8
	2011	51.0	—	28.0	25.0	55.0	26.0	42.0	38.4
	2012	56.0	—	29.0	26.0	53.0	33.0	44.0	42.4
	2013	54.0	—	33.0	27.0	53.0	36.0	44.0	45.5
	2014	54.0	—	37.0	28.0	54.0	46.0	49.0	48.5
城镇居民基本医疗保险比例（%）	2010	—	—	60.0	—	35.0	46.0	98.6	64.6
	2011	65.4	—	69.0	—	38.0	50.0	97.0	68.5
	2012	69.8	—	69.0	48.0	40.0	50.0	97.0	75.4
	2013	72.5	—	71.0	49.0	41.0	76.0	97.0	78.1
	2014	—	—	—	49.0	42.0	83.0	97.1	79.8
参加新农合医疗保险人口比例（%）	2010	96.0	—	93.7	99.0	98.5	99.9	98.5	96.0
	2011	96.2	—	95.2	99.0	98.5	99.9	98.7	97.5
	2012	96.2	—	96.0	99.0	99.7	99.9	98.7	98.3
	2013	97.3	—	98.6	99.9	99.6	99.9	98.8	99.0
	2014	—	—	98.6	99.6	99.5	99.9	98.8	98.9

数据来源：案例点调研区域各县编制的《国家重点生态功能区财政转移支付自查报告》和《统计年鉴》，“—”表示该项数据缺失。

7.5.5　生态环境变化情况

内蒙古案例点由于环保资金投入不足，使环境质量检测执行较差，仅在 2015 年进行了环境质量监测，且数据缺失较严重。从已监测数据看，表 7－11中数据显示：额尔古纳市Ⅲ类或优于Ⅲ类水质达标率为 37.5%，明显偏低，需要进一步提高。牙克石市污染源排放达标率为 40.91%，也偏低。总的来看，额尔古纳市与牙克石市的污水处理还需要进一步加强。

表 7－11　　2014 年额尔古纳和牙克石生态环境质量状况

	林地覆盖率（%）	草地覆盖率（%）	水域湿地覆盖率（%）	耕地和建设用地比例（%）	未利用地比例（%）	污染源排放达标率（%）	SO_2 排放强度（kg/m^2）	COD 排放强度（kg/m^2）	Ⅲ类或优于Ⅲ类水质达标率（%）	优良以上空气质量达标率（%）	城市生活集中污水处理率（%）
额尔古纳	72.6	17.9	6.9	6.9	—	91.0	—	—	37.5	—	—
牙克石	79.4	18.3	0.7	0.5	—	40.9	—	—	100.0	99.7	82.3

数据来源：额尔古纳市和牙克石市财政、环保部门汇报年度工作报告，“—”表示该项数据缺失。

甘肃省获得国家重点生态功能区财政转移支付后，自然生态指标总体变化不大（见表 7－12），但是案例点的环境治理指标波动较为明显。以甘肃省案例县为例，COD 排放强度出现了由低到高和由高到低的一个过程，2011～2013 年增强幅度接近 30%，2014 年大幅度下降，下降幅度达到 20% 左右。从总体上来看，生态环境保护质量没有得到明显改善，环境质量还有下降的趋势。从当地政府的自查报告和相关领导了解到：2011 年前后，这些地区大幅度改善民生，提高基本公共服务水平，建设了很多民生工程，比如热电厂、环保设备升级改造等，短期内污染处理能力下降导致环境指标没有得到改善反而变坏。主要原因在于：一方面财政资金有限，区域经济建设在一个年度内不能综合规划与治理，出现建设与治理错位现象。因此，就会出现部门年度环境治理忽差忽好；另一方面地区经济发展较快，环境保护资金投入严重不足。2010 年，国务院提出中西部承接东部产业转移，沿海地区产业转移到内陆，该地区承接了一些企业生产转移，企业数量增多，环境保护建设能力跟不上，导致生态环境的恶化。国家重点生态功能区财政转移支付环境保护支出与基本公共服务的比例问题就能反映出生态环境保护建设的严重不足。

表 7 - 12　2011 ~ 2014 年甘肃省的案例点生态状况

项目/县域	年份（年）	林地覆盖率（%）	草地覆盖率（%）	水域湿地覆盖率（%）	耕地和建设用地比例（%）	未利用地比例（%）	污染源排放达标率（%）	SO_2 排放强度（kg/m^2）	COD 排放强度（kg/m^2）	Ⅲ类或优于Ⅲ类水质达标率（%）	优良以上空气质量达标率（%）	城市生活集中污水处理率（%）
天祝	2011	39.4	57.8	0.4	7.89	—	100.0	967.3	717.0	100.0	100.0	—
	2012	44.3	58.6	0.4	7.9	—	100.0	823.9	924.9	100.0	100.0	—
	2013	44.4	58.6	0.4	7.9	—	100.0	9671.0	1150.0	100.0	100.0	85.0
	2014	42.9	58.6	0.4	7.9	—	100.0	943.9	1022.8	100.0	100.0	70.0
永昌	2011	20.6	40.1	0.5	13.4	22.1	69.6	3253.0	529.0	100.0	100.0	87.6
	2012	20.6	61.3	0.5	13.4	22.1	93.8	3253.0	529.0	100.0	100.0	93.0
	2013	16.2	63.5	0.5	13.4	22.0	96.3	3253.0	455.7	100.0	100.0	93.0
	2014	17.4	48.7	0.5	12.9	—	93.6	2048.0	320.0	100.0	100.0	93.0
民乐	2011	—	—	—	—	—	94.4	1423.0	1350.0	100.0	100.0	—
	2012	—	—	—	—	—	94.4	1423.0	1354.0	100.0	100.0	—
	2013	23.1	45.3	2.9	19.0	9.1	94.4	1479.0	960.0	100.0	100.0	24.7
	2014	23.2	47.3	2.9	19.5	9.1	100.0	1543.6	1005.0	100.0	100.0	100.0
金塔	2011	0.5	47.3	1.2	2.7	76.9	—	101.0	123.0	100.0	—	—
	2012	0.5	47.3	1.2	2.7	76.9	—	63.0	73.0	100.0	—	—
	2013	0.5	6.9	1.0	4.5	86.7	100.0	111.0	143.0	100.0	—	90.0
	2014	0.5	6.9	1.0	5.0	86.1	100.0	130.0	130.0	100.0	—	96.0
敦煌	2011	27.8	11.6	7.1	1.67	87.4	100.0	78.0	49.5	100.0	—	92.0
	2012	27.9	11.6	7.1	1.7	—	100.0	80.6	55.7	100.0	—	93.0
	2013	27.9	11.6	7.1	1.8	51.6	100.0	82.3	63.8	100.0	—	95.2
	2014	27.9	11.6	7.1	1.7	51.8	100.0	81.2	46.3	100.0	92.0	96.6

数据来源：各县市编制的《国家重点生态功能区财政转移支付自查报告》，“—”表示该项数据缺失。

7.6　案例点国家重点生态功能区财政转移支付存在的问题

7.6.1　转移支付力度尚不能满足生态建设需要

2008～2014 年期间，重点生态功能区转移支付分别占当年 GDP 的比重分别为 0.02%、0.04%、0.06%、0.06%、0.07%、0.07% 和 0.08%。虽然呈现逐年上升趋势，但资金拨付总量过小，拨付金额占当年 GDP 比例过低，与《全国主体生态功能区划》中重点生态功能承担的责任不匹配和不衔接。

国家重点生态功能区获得的转移支付资金，从总量和财政支持力度上看，尚不足以满足生态环境改善的资金需求。从案例点的生态环境指标变化情况看，自然生态指标的变化幅度不大，环境状况指标呈现出阶段性的波动，但总体为下行态势，以牙克石为例，2010～2014 年间，重点生态功能区转移支付资金仅占地方政府财政收入的 7%。在民生压力较大的情况下，转移支付资金总量的不足、力度不够，地方政府为了维持行政正常运转和社会稳定，会首先满足基本公共服务均等化的支出，从而导致留给生态环境改善的资金不足。因此，需要采取多种渠道获取资金或者其他方面利益补偿，进一步扩大重点生态功能区补偿转移支付的规模。

7.6.2 财政转移支付资金分配测算方法缺乏合理性

从国家层面、甘肃省、内蒙古自治区生态功能区财政转移支付补助资金测算公式以地方财政缺口为主体计算依据，显然列支了生态环境保护特殊支出，但该项支出权重过低，导致地方政府将资金用于生态建设的激励作用不足。

国家重点生态功能区转移支付资金按照全国“一刀切”的统一公式分配测算，没有考虑到区域间生态维护改善成本的差异。以甘肃和内蒙古为例，内蒙古东部地区生态环境较好，而内蒙古西部和甘肃生态脆弱度较高，对于不同地区生态功能区的采用统一的补偿标准有失偏颇。甘肃西部的国家重点生态功能区生态环境改善的成本很高，根据当地林业部门测算，甘肃河西走廊西部地区，采用客土和滴灌造林，造林成本约为2000元/亩，对于自然条件优越的额尔古纳、牙克石地区，则造林成本约为600元/亩。

7.6.3 转移支付资金监督考评与激励约束机制的缺位

2009~2014年的中央对地方国家重点生态功能区转移支付办法中规

定：对生态环境恶化程度不同，不同程度扣减财政转移支付资金：生态环境恶化明显的地区全额扣除；不可控因素导致生态环境质量下降地区，适当扣减；生态环境质量稍微下降地区，部分扣除。但从案例点的实际执行情况来看，并没有严格按照《支付办法》的有关规定进行监督、考评。以甘肃省 2014 年考核结果为例，省环保厅对 77 个享受重点生态功能区转移支付资金的县均进行了生态环境监测，其中 14 个县的 EI 考核结果为差，对这 14 个县每个县扣减了 50 万元的转移支付资金，仅占全县转移支付金额的 1% 左右，约束与震慑效果不明显。在内蒙古自治区的 2 个调研县中，2009 ~ 2013 年期间，并没有进行 EI 的数据监测；2014 年，开始进行生态环境质量监测，2014 年牙克石仅统计了其中的 5 项指标，2015 年统计指标才涵盖了全部的 10 项数据；额尔古纳2014 ~ 2015 年间仅对其中的 3 项指标进行了统计。监督考评与激励约束机制的缺位，导致国家重点生态功能区生态环境质量改善不明显。

7.6.4　环境保护支出与公共服务支出分配比例缺乏科学性

在国家层面，环境保护支出与公共服务支出没有规定具体分配比例。在地方转移支付资金实施细则中，甘肃省规定二者间的使用比例为：2010 ~ 2011 年不低于 5 : 5，2012 ~ 2013 年不低于 6 : 4，2014 年不低于 7 : 3。内蒙古自治区实施细则中没有规定资金的使用比例，从实际执行过程中，存在环境保护支出被挤占的现象。实施细则直接规定环保支出与民生支出的比例，只能反应对环境保护的重视，并不代表资金使用效益最大化，如不对资金的使用比例进行约束，则会造成资金流向的监管缺位。因此，根据各省市区实际情况，综合考虑全省各国家重点生态功能区的民生和生态环境状况，需要设计出灵活的资金使用比例公式。

7.7　生态补偿财政转移支付的国际经验借鉴

7.7.1　补偿模式

生态补偿的财政转移支付逐渐成为一种国际潮流，国际生态补偿模式丰富多样，根据补偿主体和运行方式的不同大致可以分为三类：

第一，政府作为唯一补偿主体模式。这种模式由政府通过财政转移支付补偿，主要针对由于自然和人为原因导致缺失补偿主体。采取这类补偿的国家主要有美国和德国，政府通过财政拨款或转移支付方式以及其他政府行为补偿，向生态功能区或自然保护区的生态保护者支付其为保护生态环境而付出的成本费用和所受损失，主要包括支付补偿费、实物补偿（树苗、粮食等）、政策支持（优惠贷款、税费减免、技术培训、就业帮助等）和生态移民（主要针对生态脆弱敏感地区）等。

第二，政府主导补偿模式。主要由政府主导或引导下对被补偿主体采取直接补偿、生态补偿基金制度、征收生态补偿税、区域支付制度、流域合作等方式进行补偿；主要有芬兰、英国、法国、巴西、哥斯达黎加等国家。其通过实施相关计划或制度、法律、税收分配改革，建立补偿基金，区域合作，直接购买生态服务等方式；对被补偿主体进行补偿。

第三，市场化运作模式。在生态被补偿主体和政府之间引入市场行为和市场交易机制，最早是由美国、法国、欧盟等发达国家和地区研究运行，主要通过绿色偿付（对周边生态保护较好地区支付绿色补偿）、配额交易、生态标签体系（对产品的设计、生产和销售进行绿色认证）、排放许可证交易（通过排放许可证交易，使生态服务商品化）、国际碳汇交易（统计国内林业碳汇总量，并将额外的碳汇作为国家碳汇储备，适时出售给外国企业，所得收入大部分补偿给林主）等方式。

生态环境保护与治理要与本国的经济发展相适应，要求建立合理的生态补偿机制，变输血为造血。国际上，大部分国家把生态补偿分为初级阶段以输血为主的基本补偿阶段、由输血到造血升级的产业结构调整补偿阶段、以造血到生态产品输出为主的生态效益外溢补偿 3 个阶段。在生态保护与建设前期，生态效益没有外溢或者效益不明显阶段需要政府投入大量财政资金对生态保护治理进行输血补偿，主要保障基本民生和改善当地经济，此阶段的国家财政转移支付资金的作用是不可替代的。国际上，生态保护与治理较好的美国、法国、日本等国家成功地解决了经济发展与维护生态环境的矛盾。

7.7.2 实施生态环境保护性财政转移支付的具体做法

虽然各国国情不同，保护治理、生态补偿方式不同；但是在生态环境保护治理前期，主要通过生态补偿性财政转移支付对被补偿主体进行补偿或通过财政转移支付引导社会力量建设自然保护区，都取得良好的效果。这是共同的做法，值得我国借鉴。其主要体现在如下几个方面。

第一，明确财政转移支付补偿主体。生态服务大都是一种公共产品，服务的界限、产品的种类以及性质的界定，都比较困难。生态补偿是对生态环境保护者做出贡献的补助，由于生态产品的复杂性，以及完全市场化难以实现，公共财政介入有其必然性。其次，要明确生态补偿的主体和强调对生态服务提供者补偿的公平性，将政府、企业、个人放在平等的地位进行谈判协商，有利于提高生态保护建设的积极性。美国的休耕计划、基西米河生态恢复工程、法国瓶装水公司对水源区周围采取环保耕作方式的农民给予补偿等项目，在生态保护计划实施前，必须经过大量的调查研究明确生态保护建设的主体和确定补偿主体，并给予相应的生态补偿和明确应承担的责任。

第二，科学合理的补偿标准，确定财政转移支付资金量。在财政转移支付资金拨付前，从不同利益主体角度，使用不同的测算方法进行计算。然后，通过相关机构对不同主体进行谈判解决采取何种补偿方法，对需要财政转移支付资金量进行精确测算。国际经验表明：如果财政转移支付资金不充足，就会容易导致生态补偿效益低下；资金过剩太多，则容易造成财力浪费，增加财政负担甚至滋生腐败，也不利于生态保护。由于生态功能区补偿主体、范围等方面的不确定性，以及影响区域范围难以界定，因此要根据生态效益的高低和生态的重要性进行补偿。国际上，许多国家采取补偿多种评估方法，补偿标准非标准化，在财政转移支付资金到位前，从经济、社会、环境综合考虑，对不同主体和评估方案进行比较研究，提高评估效率，兼顾各方利益均衡；同时明确各种类型的生态功能区发挥的作用，作为补偿参数。生态功能区所发挥的作用往往不是单一的，例如，有的生态功能区是水源涵养为主，但可能还会提供水土保持功能，由于所提供服务的主次不同，生态功能区建设维护支出各异，对生态功能区的经济发展影响也不尽相同，所以补偿标准要因地制宜。

第三，完善的财政转移支付法律和监管机制，公开资金分配和使用效果。许多国家都有完善的《财政转移支付法》或者相应的财政转移支付法规和制度。严格规范资金使用与监管严格遵守规范转移支付，以法律作为转移支付的唯一依据。做到有法可依、有法必依，极大提高财政转移支付资金的使用效果，更能保障生态功能区和自然保护区生态环境建设和民生基本公共服务。同时，为保障财政资金的使用效果，许多国家还把资金的分配与使用效果及时公布于众，完善政府、社会、人民群众三位一体的监管机制。

7.8　提高转移支付资金使用效率的保证措施

国家对生态恢复与建设高度关注，国家重点生态功能区是保障生态安全重要保障。充分借鉴国际经验，为进一步提高国家重点生态功能区转移支付资金的使用效率，我们建议从如下几个方面加强国家重点生态功能区的资金管理与使用。

7.8.1　制度保障措施

第一，积极探索国家重点生态功能区的横向转移支付。现阶段国家重点生态功能区转移支付资金存在着明显的总量不足现象，仅仅依靠中央财政难以满足生态功能区生态建设的资金需要。因此，在原有纵向转移支付模式的基础上，应增加横向转移支付，解决省际的区域性外部性问题，在一定程度上能缓解贫困地区财政紧张，促进邻域经济、社会的和谐发展。

第二，制定县级转移支付资金使用规划。重点生态功能区基本公共服务达到全国同一水平，生态服务生产能力的提升是一个长期的、系统的过程。地方政府从区域性、整体性、相关性的角度制定科学统一的全区生态建设长远规划，根据每个地方、区域的特点，确定各地的生态建设重点。财政部门要做好环境保护建设长期投资计划，要求财政资金按照生态效益、社会效益、经济效益最大化的原则，将林业、民政、环保、农业等部门管理的林业建设、草原建设、生态移民、退耕还林等生态治理资金统筹管理，确定生态环境改善的急迫性、重要性顺序投放资金，集中使用发挥生态治理资金规模效应。

7.8.2 技术保障措施

第一，完善转移支付资金分配测算公式。财政资金的合理、有效分配测算，体现着资源使用的公平，对均衡社会发展至关重要。现有的国家重点生态功能区转移支付资金列在均衡性转移支付项下，因此，以“财政缺口”作为分配测算主体，在资金使用过程中，造成延用平衡地方财政收支的思路。国家重点生态功能区转移支付资金的设立目标是生态功能区能提供更多更好的生态服务。因此，资金分配应以生态服务的供应能力作为依据。综合考虑各地区的生态脆弱程度、环境质量、生态破坏与环境污染程度、等量 EI 改善的成本等因素。在具体操作上，可以将重点生态功能区转移支付资金从均衡性专业支付项下调整至专项转移支付项下，发挥重点生态功能区转移支付资金对生态供给的瞄准作用。

第二，科学确定环境保护支出与基本公共服务支出比例。国家生态的支付办法中没有明确规定环境保护支出与基本公共服务支出的比例，在执行过程中，各省市区差异很大。我们建议：根据生态功能区的生态环境、社会环境的具体情况，各省市区确定一个动态反映环境保护支出与基本公共服务支出平衡的公式，而非采取固定的比例。此外，在资金分配中，适度安排资金使用管理费用，实现鼓励地方政府进行环境监测的目的。

第三，环保部加强对重点生态功能区的生态环境质量监测。国家生态的支付办法中规定：要对限制开发等国家重点生态功能区所属县进行生态环境监测与评估，但从案例点的实际环境状况指标监测数据看，执行效果差强人意，因此，应在生态环境监测与评估的实际执行力度上下功夫，切实做到有法必依；建立正规、权威的生态环境监测队伍，不折不扣地执行国家有关规定。

7.8.3　国家重点生态功能区域要进行发展转型

考虑到国家重点生态功能区的建设和建设生态文明的需要，国家重点生态功能区域要以生态建设为中心，调整产业结构，实现调结构、重效益和民生、保生态的目标，推行产业生态化、生态产业化，积极发展生态友好型产业，并且注重能够创造就业机会和增加当地群众效益的绿色产业，保证为国家重点生态功能区的建设提供良好环境支撑。

本章参考文献

［1］郭方．控制污染蔓延与环境恶化［J］．环境科学，1989（10）：2.

［2］马世骏．中国生态环境问题分析及治理策略［J］．管理世界，1990（3）：169.

［3］藏玉祥．实现2000年环境保护战略目标必须依靠科技进步［J］．新疆环境科学，1991（4）：1.

［4］穆小林．中国生态环境现状之思考［N］．瞭望中国，1994.

［5］习近平．十八届中央政治局常委会会议上发表讲话［N］．人民网，2014［EB/OL］．http：//cpc. people. com. cn/n/2015/0114/c64094-26380006. html.

［6］中华人民共和国财政部．国家重点生态功能区转移支付试点办法（财预〔2009〕433号）［EB/OL］．http：//yss. mof. gov. cn/zhengwuxinxi/zheng ceguizhang/200907/t20090725_66567. html.

［7］中华人民共和国财政部．国家重点生态功能区转移支付试点办法（财预〔2011〕428号）［EB/OL］．http：//nfb. mof. gov. cn/mofhome/mof/zhengwuxinxi/caizhengwengao/2011caizhengwengao/wg201109/201112/t20111229_620067. html.

［8］中华人民共和国财政部．国家重点生态功能区转移支付试点办法（财预〔2012〕296号）［EB/OL］．http：//yss. mof. gov. cn/zhengwuxinxi/

zheng ceguizhang/201207/t20120725_669214. html.

［9］中华人民共和国国家发展和改革委员会，中华人民共和国财政部，国家林业局．印发关于开展西部地区生态文明示范工程试点的实施意见的通知（发改西部〔2011〕1726 号）[EB/OL]. http：//law1. law-star. com/law？fn = chl383s351. txt.

［10］杨迪．中央下拨 2014 年国家重点生态功能区转移支付 480 亿元 [EB/OL]. http：//finance. people. com. cn/n/2014/0701/c1004-25224327. html.

［11］李国平．国家重点生态功能区转移支付的双重目标与绩效评价 [J]. 西北大学学报，2014（1）：44.

［12］李国平．国家重点生态功能区转移支付与县域生态环境质量 [J]. 西安交通大学学报，2014（2）：34.

［13］中华人民共和国环境保护部．关于印发《国家重点生态功能保护区规划刚要》的通知（环发〔2007〕165 号）.

［14］中华人民共和国环境保护部．关于印发《国家重点生态功能保护保护与建设规划编制技术导则》的通知（环发〔2009〕89 号）.

［15］中华人民共和国国务院．关于印发《全国主体功能区规划》的通知（国发〔2010〕46 号）.

［16］中华人民共和国财政部．关于 2012 年国家重点生态功能区财政转移支付奖惩情况的通报.

［17］Magleby，R，C. sandretto，W. Crosswhite，and C. T. Osborn Soil Erosion and Conservation in the United States：overview [J]. AIB-718.

U. S. Dept. Agr. Econ. Res. Serv，1995：29.

［18］赵永冰．德国的财政转移支付制度及对我国的启示［J］．涉外税务，2001（1）：35.

［19］中华人民共和国环境保护部．2014年中国环境状况公报［R］．2015.

［20］中华人民共和国环境保护部．2013年中国环境状况公报［R］．2014.

［21］中华人民共和国环境保护部．2012年中国环境状况公报［R］．2013.

［22］中华人民共和国国务院．全国主体功能区规划（国发〔2010〕46号）.

［23］刘晓光，朱晓东．论财政政策与林业生态建设——基于主体功能区的视角［J］．生态经济，2013（12）：68～72.

第 8 章

铜鼓县全面禁止天然林商业性采伐的思考

2015 年，中共中央在《关于制定国民经济和社会发展第十三个五年计划的建议》和中央一号文件中正式确立了全面停止天然林商业性采伐，事关我国生态安全的重大战略决策。三年来，按照中央的统一部署，我国在先后停止内蒙古吉林等重点国有林区、非天保工程区国有林场天然林商业性采伐的基础上，2017 年实现了禁止全国范围的天然林商业性采伐。为深入了解总结全面禁伐的运行情况和经验做法，及时发现禁伐过程中存在的矛盾问题，寻求解决问题的途径方法，国家林业和草原局经济发展研究中心选取天然林分布面积大，林农对林地依存度高，禁伐工作起步早而且成效明显，在南方集体林区具有一定代表性和典型意义的江西省铜鼓县，采取实地走访、座谈讨论、查阅资料、发放调查问卷、与林业企业、当地农户面对面交流等方式开展了调查研究。现将调查结果及调研组提出的确保禁伐顺利推进、不断巩固禁伐成果的政策建议提出综合报告。

8.1 引　言

铜鼓县地处赣西北边陲，江西五大水系之一的修河源头，是我国南方集体林区重点林业县，全县森林面积 205 万亩，森林覆盖率 87.4%，活立木蓄积 1050.8 万立方米，活立竹 5563 万根，生态保护区面积 1125 平方公里，占国土面积的比例达到 72.5%。铜鼓县的森林绝大部分为天然林，其分布主要呈现 3 个特点：一是总量大，在森林结构中占绝对优势。全县共有天然林 11.11 万公顷，占林地总面积的比例达到 80.77%。二是占采伐限额的比重大。天然林蓄积 890 万立方米，占全县活立木蓄积的 84.7%，“十三五”期间规划限额天然商品林主伐量为 54709 立方米，占全县主伐限额的 51%。三是天然林主要为集体林。全县集体天然林 10 万公顷，占全县天然林 1111.11 万公顷的 90%，集体林权制度改革承包给林农的林地 90% 以上为天然林。

8.2　实施全面禁伐面临的挑战和问题

8.2.1　相当部分林农将失去赖以生存的生活来源

铜鼓是典型的山区县，林农山多田少，经济发展相对落后。长期以来，伐木经济在农村占据主导地位。全县 840 多户占农村 1/3 的林农，山林面积在 200 亩以上，完全依赖林业生存。天然林全面禁止商业性采伐，也就意味着传承百年来“靠山吃山”的生产生活方式就此终结，林农必须选择其他生存道路。据测算，天然林禁伐后，将会造成林农 54709 立方米木材的减产，以平均 1000 元/立方米的现行价格计算，林农将减少 5500 万元左右的销售收入，加上不再产生的 1000 多万元的采伐、运输等劳务收入，林农的直接经济损失将达到近 7000 万元。

8.2.2　以林地经营为主的新型林业经营主体面临破产危险

铜鼓县是全国林权管理改革示范县，全县林地流转面积达到 3 万公顷，涉及各类新型林业经营主体 85 家，其中万亩以上大户 6 家，面积高达 1.2

万公顷。这些流转大户经营的山林70%以上为天然林。天然林全面禁止商业性采伐后，多数企业将濒临破产难以维持生存。

8.2.3 大量木材加工企业失去原料来源，面临企业倒闭工人失业

铜鼓县现有木材加工企业61家，主要以加工生产天然林木材为主。天然林禁伐后，由于木材供应链的断裂，部分木材加工企业已经关门停产，相当数量的同类企业面临倒闭。企业倒闭所导致的问题，首先是1300多名工人的失业和安置。失业人员按月平均工资3000元计算，每年将减少劳务性收入4680万元。安置费用按每名工人最低3.6万元计算，全县安置费用超过4000万元。其次是企业加工收入的减少，按每立方米平均加工增值1300元计算，天然林全面禁止商业性采伐，将减少木材加工收入7100多万元。最后是大量空置厂房和闲置设备在处置过程中，也会引发一些难以预料的不安定因素。

8.2.4 林业系统内部面临的问题

一是全面禁伐造成的40余名从事木材检量的技术人员下岗，需要分流安置；二是林业部门所属森工企业减少5000多立方米木材生产所出现的600多万元的直接经济损失。

8.2.5　地方政府面临财政、就业、维稳等多重压力

一是财政收入减少。全面禁止天然林商业性采伐每年将直接减少财政收入 1100 多万元。其中，木材收购环节减收 540 多万元，木材加工环节减收 600 多万元；二是占全县农村人口 1/3 林农的生产生活保障等待解决；三是大量停产木材加工企业需要政府协助转型升级；四是木材加工企业失业工人需要重新安置就业；五是倒闭企业大量空置厂房和闲置设备等资产需要处置。

8.2.6　基层干部群众对全面禁伐的疑虑

为深入了解林农对全面禁止商业性采伐的认知反映和接受程度，准确把握农民群众的意见诉求。调研组在铜鼓县采取抽样调查的方式，对 3 个乡镇 9 个行政村的 117 户林农展开问卷调查。受访农户有 75 户承包林地中的天然林被纳入全面禁伐范围，禁伐面积为 5614.35 亩，分别占受访农户和样本农户林地总面积的 58.22% 和 41.03% 。样本农户对问卷中“您是否赞成全面禁止天然林商业性采伐 ”，给出否定回答的比例高达 44.44% 。对于不赞成全面禁伐的理由，绝大多数农户的答复是，减少了家庭收入甚至是切断了家庭主要或者唯一的收入来源。在与样本县、样本乡镇以及样本村座谈讨论的过程中，各级党政组织的领导干部和相关管理人员也表达了与农户大致相同的看法和意见。

8.3 全面禁伐的进展情况

铜鼓县委、县政府高度重视生态环境保护，早在 2006 年就在江西率先实施了阔叶林的全面禁伐。2016 年，在全国先行一步对重点生态区位的天然林和人工林实施了禁伐，采伐计划由原来的 15 万立方米控制在 2 万立方米以下。按照中央的统一部署，从 2017 年开始又在全县范围内全面推开了对所有天然林的商业性采伐。数据显示，到 2018 年 7 月底，已与 60% 的农户正式签订了禁伐协议，比江西省同期全省完成的约 30% 的签约量，高出整整一倍。

8.4　全面禁伐的主要经验和做法

8.4.1　领导重视、高位推动

铜鼓县全面禁止商业性采伐在江西甚至全国始终处于领先地位，领导决策层对禁伐工作的高度认识和重视是决定性的因素。全面禁伐工作开展以来，该县各级党政组织主要采取了以下 3 个方面的工作措施：一是加强领导。严格实行森林资源属地管理，领导干部禁伐责任追究，山场地块落实到人、分片包干的责任制度。二是宣传发动。充分利用报纸、广播、电视、网络等新闻媒体和各种会议开展对全面禁伐的宣传发动，努力提高全社会特别是农民群众的生态保护意识，为禁伐工作的顺利开展奠定扎实的思想认识基础。三是强化执法。全面开展森林资源专项整治，严厉打击乱砍滥伐、非法征占林地和破坏野生动植物等违法行为，形成全面禁伐的高压态势。四是注重落实。在全面做好群众思想工作的基础上，逐门逐户签订停伐管护协议，跟踪督查管护补贴的发放到位，确保全面禁伐落地生根。

8.4.2 全力发展林业产业，努力拓展林农增收渠道

近年来，铜鼓县针对实施禁伐给林农造成的经济损失，立足当地的资源优势，以发展林业产业为抓手，着力加大政策扶持力度，取得了明显成效。

一是狠抓毛竹产业发展。适时抓住江西实施竹类特色产业项目的机遇，扶持林农开展低质低效竹林改造 15 万亩、修建竹林经营道路 200 公里，带动各类经营主体投入 2000 多万元用于毛竹资源开发。为保证林农能够从禁伐区获得一定收益，县政府专门出台了被当地农民称之为“笋权”的在禁伐区科学育竹、合理采挖冬春笋的政策规定，受到社会各方面和广大林农的高度肯定和拥护。

二是发展有机茶叶、高产油茶、雷竹基地等有机农业。全县有机茶叶种植面积近 2 万亩，雷竹基地 1500 亩，高产油茶 3000 亩。三个项目全部达产后，保守测算年收益可达到 6000 多万元。

三是积极推动水栀子等天然色素、药材基地、林下种养业等林下经济的发展。全县完成新造及套种南方红豆杉 5000 亩。完成黄精、玫瑰花、水栀子、三月青等中药材种植 3.008 万亩，仅 2017 年一年时间就完成种植面积 2.3 万余亩。据样本农户介绍，黄精种植每亩一次性投入大约在 1000 元左右。进入投产期后，每亩可采黄精 750 公斤，按市场平均价 10 元/公斤计算，亩销售收入可达到 7500 元到 8000 元。据此推算，全县仅黄精产业采挖期年收入就可达到 1.8 亿元。目前，铜鼓县黄精的年采收量已经达到

9 万公斤左右，其产品大多被加工成食品、中药材，销往广州、湖南、福建和江浙沪一带，年收入达到 1000 余万元。此外，他们还在林下放养土鸡 10 万羽，林内养蜂上万箱，年收入分别达到 200 万元和 500 万元。

四是全力发展森林休闲康养、生态观光旅游产业。充分发挥铜鼓“天然氧吧”“红色福地”的环境人文优势，瞄准南昌、长沙、武汉等周边大中城市居民生态、休闲、观光游的巨大市场，先后开发了“汤里温泉”“九龙湖”“尖尾峡漂流”“华府林泉生态产业园”“西雅图玫瑰园”“茶山生态林场休闲旅游”“上四坊生态休闲养生旅游”等多个生态旅游项目，每年接待游客 100 多万人次，年生态旅游收入达到 5 亿多元，同时拉动了交通、餐饮、旅店等服务产业的发展。

五是积极开展碳汇项目开发。在深入开展调查研究、组织科学论证、与林权人充分协商、全面完成项目文件设计和资料汇总的基础上，与江西埃文科技发展有限公司合作开发的 60 万亩首批森林碳汇项目，已进入国家发展改革委备案的第三方审定机构审查阶段。项目上市交易后，按照每亩减排 0.5 吨二氧化碳估算，每年可实现碳减排量 30 万吨。按照国家碳汇开发的有关规定，森林经营碳汇交易追索期可前延至 2005 年，江西埃文科技发展有限公司可运作追索至 2009 年，到 2017 年共 9 年时间，根据近年来碳汇交易的市场价格，按照减排量每吨 30 元的保守价格和与埃文公司合作 6∶4 的分成计算，上市交易后，铜鼓县首批 60 万亩森林 9 年减排量 270 万吨 8100 万元的交易价，可获净收益 4860 万元。

铜鼓县林业局提供的数据显示，全县可用于森林经营碳汇项目的森林有 109.06 万亩，其中天然林 70.51 万亩，人工林 38.55 万亩，毛竹林

45.65 万亩，按照可开发面积 80% 计算，每年可实现减排量 80.14 万吨，森林碳汇具有巨大的挖掘潜力。

8.4.3 有序推进森林赎买

为从根本上解决天然林全面禁伐资源保护和林农利益之间的矛盾，铜鼓县从 2017 年开始，本着林地承包和经营者自愿、公开、公平、公正、重点生态区位优先、成过熟林优先和个人户主优先的原则，在广泛听取社会各方面意见（特别是林农林业经营主体意见）的基础上，采取赎买、租赁、协议封育等不同方式，在江西省率先开展了森林赎买的试点工作。投资 400 万元完成了茶山、凤凰山国有林场等重点生态区位 1844.25 亩商品林的赎买任务。在此同时，采取多种措施特别加强了对赎买森林资源的经营管护。一是明确了赎买后山林的管护主体责任和经营方案。在管理上，各乡镇场辖区范围内赎买的林地，由县政府委托就近的国有林场负责管护经营，对协议封育的林地，由各乡镇场参照公益林和天然林保护的模式管理，县林业局负责对赎买山林管理的监督指导。在经营上，对针叶纯林适时采取抚育间伐和林下补植等营林措施，逐步改造成针阔混交林或以阔叶树为优势树种的林分，改善提升其的生态和景观功能；鼓励在不影响生态功能的情况下发展休闲康养度假旅游等产业；对适宜发展林下经济的山林精准施策科学发展林菌、林药、林禽、采集等产业。二是确定了从 2017 年开始到 2026 年，用 10 年时间完成省级以上自然保护区及森林公园、修河源头、“三高三线”、饮用水源保护地、重点旅游景区、县城及其规划区周边可视范围未列入国家、省级公益林及未签订天然林保护停伐协议或国有林场改制置换、租赁流转的共 25 万亩非国有天然人工商品林的赎买任务。三是为确保任务的全面落实，县政府专门成立了由县政府主要领导任组长，林业、财政、发展改革委等相关部门和乡镇林场主要负责人参加的森林赎买领导小组和具体的工作机构，制定了严格的督查考核工作制度。四是建立了主要用于重点生态区森林赎买、协议封育、提升改造、后续林木管理、调查评估、宣传调研和日常工作费用等项支出，由上级补助项目、本县财政预算、争取国家储备林国开银行政策性贷款和社会募集等方式筹集的森林赎买基金。

8.5 结论与讨论

全面禁止天然林商业性采伐是我国在新的历史时期实施的一项旨在构建完备的森林生态系统、促进森林可持续经营、保障国土生态安全、全面推进生态文明建设的战略性工程。铜鼓县委政府以高度的历史责任感，在江西省先于其他地区全面推进天然林商业性采伐，并在实践中创造的用以解决林农因禁伐造成经济损失，大力发展以毛竹、有机茶叶、高产油茶为主的林业产业、积极推动林下经济、森林休闲康养、生态观光旅游、碳汇产业发展和森林赎买的经验具有重要的典型示范意义。他们在禁伐过程中遇到的困难和问题也具有一定的代表性，必须引起各级党政组织的高度重视并在实践中综合运用政策、经济和法律法规等措施认真加以解决，确保禁伐工作的顺利实施和禁伐成果的全面巩固。

8.6　政策建议

8.6.1　全面扩大天然林保护工程的实施范围

在充分调查研究的基础上，按照天然林分布面积、林农生活对林地的依赖程度，将全国划分出几个不同的类型，然后根据不同地区、不同情况和国家财政的支付能力，本着先急后缓、渐次推进的原则，逐步将天然林工程扩大到涵盖集体和非公有天然林的全国范围。在工程实施项目和补贴政策的制定上，鉴于国有林与集体和非公有林在权属和管理上的不同，纳入工程实施范围的集体和非公有天然林设置三项补贴。一是生产性补贴，主要包括中幼林抚育、人工造林、森林改造培育，实行与天保二期工程相同的补贴标准。二是森林管护补贴，实行现行的集体林森林生态效益补偿标准。三是禁伐补贴，按照不低于禁伐期内天然林预期收益确定具体的补贴标准。

8.6.2　有计划、分步骤推进森林赎买

森林赎买是从根本上解决林农因全面禁伐造成经济损失的重要举措。

在赎买对象和赎买形式的把握上，重点对生态区位重要，尚未列入天保工程又急需加大力度给予补贴的，承包给林农和各类社会主体经营的，集中连片、面积较大的天然林，采取赎买、租赁、协议封育等多种方式分阶段进行；在赎买资金筹集上，采取建立以县财政预算为主的森林赎买基金，社会募集、银行政策性贷款和上级补助资金等多形式、多渠道开展。

8.6.3 实施对全面禁止天然林商业性采伐的专项补贴

一是建立中央财政对未纳入天保工程、森林生态效益补偿和未被政府赎买而实施全面禁伐的天然林的专项补贴；积极推进省市县三级财政天然林全面禁伐的专项补贴机制。禁伐补贴暂时执行与生态公益林补贴同一标准。在此基础上，以林木蓄积增长价值、林地管护成本、物价上涨指数和国家财力状况，将补贴标准逐年提高到不低于禁伐期内林地林木预期收益的水平。

二是实施由省市县三级财政共同承担的对因全面禁伐停业的木材加工企业的转产、下岗失业人员安置的专项补贴。补贴实行县人民政府提出申请，地市人民政府审核，报省市自治区政府核准的专项报批制。补贴费用按照三级财政各 1/3 的比例承担。中央财政给予一定的奖励补贴。

三是对因全面禁伐造成的地方财政减收，由中央和省级财政通过转移支付予以补助。

8.6.4　全力发展林业产业和林下经济

根据当地的自然资源优势，采取市场政策引导，金融保险、项目资金扶持，税收减免，科技支撑服务等措施，全力发展林木种质资源保护、花卉林木种苗、珍贵用材树种和珍稀树种培育，速生丰产林、名优特新经济林、林业生物质能源林；木竹材料加工、林产化工、次小薪材、沙生灌木、三剩物的综合利用，经济林果储运、保鲜、精深加工、物流配送，生态旅游、野生动植物驯养、繁育和利用等林业第一、第二、第三产业以及林粮、林菌、林药、林草、林禽等林下经济，最大限度地挖掘林业生产潜力，增加林农收入。

具体的扶持措施，一是对全面禁止天然林商业性采伐后发展林业第一、第二、第三产业给予项目支持；二是在政策上明确规定各级财政对发展林业产业和林下经济的扶持补贴资金只增不减；三是对发展林业产业、林下经济和林产品加工、生态旅游、绿色康养等后续产业项目贷款，按照国家规定政策给予贴息支持；四是适度放宽对人工种植珍贵用材树种和珍稀树种的移植交易限制。

8.6.5　切实加强对天然林资源的保护力度

在管护方式上，一是组建由专职护林员为主的管护队伍。对林地面积较大具备管护能力且自愿承担管护任务的林业大户、新型林业经营主体和林权人，在严格明确责任的基础上，可由其自行配备专人管护，管护费用由林业主管部门依据当地护林人员管护面积和劳务费标准核定计发。二是禁伐后的天然林地由就近国有林场通过社会化服务代为管护。

在管护要求上，一是建立自上而下的严格的责任追究和奖惩制度；二是科学准确把握全面禁止天然林商业性采伐的科学含义，从增加森林资源和提高林分质量的目标出发，对禁伐后天然林实施必要的卫生伐、生态疏伐、育林择伐等抚育措施，力避片面理解全面禁伐，完全放弃对禁伐后天然林科学管理情况的出现。

在管护投入上，要切实加大对天然林中幼林抚育、森林防火、有害生物防治的资金扶持力度。鉴于全面禁伐后林政资源管理工作量的大幅增加，地方政府要在每年的财政预算中给予县级林业主管部门和乡镇林业站核定一定的工作经费。

在对天然林的法制化管理上，严厉打击盗砍滥伐、毁林开荒、毁林造林、非法占用天然林地或以低质低效林为名违规采伐等破坏天然林的行为。